臺灣歷史與文化 研究輯刊

九 編

第 **15** 冊

「後現代」與臺灣當代水墨

林 章 湖 著

花木蘭文化出版社

國家圖書館出版品預行編目資料

「後現代」與臺灣當代水墨／林章湖 著 — 初版 — 新北市：花
木蘭文化出版社，2016〔民 105〕
序 8+ 目 4+162 面；19×26 公分
（臺灣歷史與文化研究輯刊 九編：第 15 冊）
ISBN 978-986-404-483-2（精裝）
1. 水墨畫 2. 畫論 3. 臺灣
733.08　　　　　　　　　　　　　　　105001815

ISBN-978-986-404-483-2

臺灣歷史與文化研究輯刊
九 編 第十五冊　　　　　　　ISBN：978-986-404-483-2

「後現代」與臺灣當代水墨

作　　者　林章湖
總 編 輯　杜潔祥
副總編輯　楊嘉樂
編　　輯　許郁翎
出　　版　花木蘭文化出版社
社　　長　高小娟
聯絡地址　235 新北市中和區中安街七二號十三樓
　　　　　電話：02-2923-1455／傳眞：02-2923-1452
網　　址　http://www.huamulan.tw 信箱 hml810518@gmail.com
印　　刷　普羅文化出版廣告事業
初　　版　2016 年 3 月
全書字數　120845 字
定　　價　九編 24 冊（精裝）台幣 50,000 元

「後現代」與臺灣當代水墨

林章湖 著

作者簡介

林章湖，1955，臺灣新北市土城人。臺灣師大美術碩士，中央美院美術學博士。

台灣美術院院士、臺灣師大美術碩博士班兼任教授、何創時書藝基金會顧問等。

曾任臺北藝大美術學院院長，愛爾蘭藝術設計學院客座教授；臺灣各類美術評審、典藏、諮詢、藝術研討會等。

個人書畫應邀展於臺灣美術館等，與都柏林、東京、漢城、新加坡、紐約、華盛頓、舊金山、約堡、坎培拉、開封、北京、上海、廣州、南京、杭州等。

曾獲國家文藝獎、教育部文藝創作獎、吳作人國際美術獎、中華民國畫學會金爵獎等。

提　　要

本論文《「後現代」與臺灣當代水墨》，主要探討西方「後現代」對臺灣當代水墨創作的影響與意義。臺灣創作自由精神再受「後現代主義」思潮的衝擊，導致藝術本土化與國際化處境轉變，筆者試從臺灣「後現代」水墨畫特色中印證此一當代開放多元的宏觀意義。

首先介紹西方「後現代」思想定義與淵源，同時闡述「現代」與「後現代」之間演變的差異關係，以概括瞭解當代藝術的內涵。以國民政府遷台作爲討論當代水墨的開端，重點包括水墨現代化「正統」與「美學」爭辯；水墨的「現代」與「反傳統」；現代水墨中的「後現代」線索以及「傳統」也是「後現代」元素等。

「臺灣水墨」在本土運動展開進程之際，「現代」與「後現代」現象早已混淆交迭，而臺灣解嚴成爲區隔「現代」與「後現代」藝術的座標，自由開放加速解構與建構當代面貌。「筆墨」當隨時代，促使個人追求趨向多元多樣，而當代人物畫此時漸順勢而起。「後現代」水墨的反「現代」演變仍是不離文化本質作爲省思。

介紹海外前輩中國水墨畫家，與臺灣當代水墨畫家風格的關聯。進而從「本土化」與「國際化」角度論述臺灣「後現代」水墨的時代觀察，借西潤中之下審視與反思「後現代」水墨癥結與意義，及其所蘊含「自由」與「可能性」與其自身創作等當代問題。

最後，回歸「後現代」水墨的文化主體精神加以檢視。總結臺灣當代水墨外來與內發的文化思辨，並展望未來願景。

序

在討論臺灣當代水墨與後現代思潮的最新著述中，林章湖博士的《「後現代」與臺灣當代水墨》是值得開卷一讀的。章湖君以一位身在其中又欣逢其盛的水墨畫家的身份著論，曾有過由傳統而現代，由現代而後現代的經歷與體驗，是活躍其中的一份子；又直接參與古典、現代、後現代審美形態的學習、教學和創作，是話語權的享有者。按他的創作自述，20世紀80年代，他"從傳統中創新"，形成現代水墨風格，是臺灣水墨的新銳翹楚。90年代持續發力，綜合書、畫、印三要素，創出"自在理想主義"的新格局，影響顯著。近年來，他又轉入研究後現代主義的創作方法與水墨畫的結合，作品有《廢紙三千》（2007）、《水墨密碼》（2010）、《落漆》（2013）等新作問世，這些被他稱之為"放下筆墨"的創作，是探索"後現代"水墨創作方法論的試驗品，由創作到理論，章湖將觀察和體會提升為具有學理價值的認知，積思有年，措意發論，謀篇落筆而成這部十數萬言的著述。

臺灣後現代水墨，理論來源得自西方的後現代思潮，創作過程仍挾帶著國畫傳統、現代水墨乃至臺灣在地的文化生態，不完全雷同於西方原產的後現代語境。在臺灣，現代和後現代的分野，通常以1987年的"解嚴"為節點。現代和後現代在審美形態上雖有不同，但起因都在西方。以現代水墨的變革而論，概括而言分有三途，引西潤中為其一，融合中西為其二，借古開今為其三，經過百年的演繹，三江匯流，形成現代水墨的新面貌，或者說現代水墨的新傳統。80年代以來發生在水墨上的新一輪變革，依託西方後現代主義的理論，對現代主義作出反省、批判、解構，意在提供多元的價值取向，解析藝術、文化、學術的傳統規定範式，尋求盡可能豐富的可能性詮

釋，提供更加多元化的表達途徑。因此在臺灣當代水墨畫的後現代變革中，出現了諸子蜂起，自由競放的格局。按章湖的觀察，以"後現代"為旗號的臺灣當代水墨，計有解構主義、新表現主義、壞畫、複合媒材、裝置水墨、極限主義（科技符碼）、女性主義、另類水墨、跨域水墨等九類。對於現代主義傳統而言，後現代水墨的批判性、顛覆性、跨界混搭等等，林林總總，突破了現代水墨的閾限，"太樸"一散，畫界頓覺"險象"環生。

如何看待和評介仍在過程中的臺灣後現代水墨，對於身在其中的章湖君而言，他是不能，也不願置之度外的。於是他藉助到北京中央美術學院專修博士的機會，開始了這項針對臺灣後現代水墨畫的研究。

章湖的研究自有他堅守的文化身份和秉持的文化立場，因而觀察發論皆有獨具的隻眼。如作者言，後現代之於當代臺灣水墨創作者，不僅是時代新知的挑戰，也是當代藝術家創作上亟欲超越的課題，嘗試結合自己後現代創作的實務經驗，作為解讀臺灣當代藝術現象的一種參考。作者在告訴我們，他是以一位當代水墨畫家的身份和眼光來看後現代藝術現象的，著眼之處是"藝術創作的主體性"，論述自然會落墨在創作方法和風格諸要素上，在解析作品的風格、語言、材料等等方面發抒見解。由作品而知畫家，知思潮，知文化生態，不作游談無根的空泛之論，他的方法是內觀式的。以這種專業的眼力作出的詮釋分析，評說見解，相信是獨特而公允的，能提供理論更為實際的內容。這種方法契合了古代的畫學傳統，可稱之為當代的"畫學"。

章湖著論的文化立場在兩個方面有具體表述。其一，學術的客觀性。臺灣當代水墨受後現代思潮影響前後約三十年，說清楚當代水墨的種種現象與後現代的關係當屬必要，但並不唯西方馬首是瞻。他認為，西方後現代並非臺灣當代水墨創作唯一的"治藝良方"，故不可以照搬或移植式的套用。臺灣水墨的變革是歷時性的，動態的推進，從現代水墨到後現代水墨的每一次變動都不脫離臺灣社會的現代化進程。這一動態的歷史觀就構成了文本寫作的敘述主線。如作者書中所描述的後現代水墨變革圖景：臺灣後現代水墨畫家關注於創作媒材的轉變翻新，借鏡或效法西方流行的藝術主張，進而使個人創作，結構手法，主觀操作逐步與現代水墨拉開距離，躋身於新潮藝術之列。這場經歷三十年演繹的水墨變革，現代與後現代在水墨畫中你中有我，我中有你，起起伏伏的交織狀況即是臺灣當代水墨創作的真相。發生在臺灣水墨畫界的這場變革，其學術內涵因了作者的這一文化立場而得以客觀生動

地呈現了出來。

其二，後現代水墨創作的"在地性"特徵。臺灣後現代水墨從語言媒介到審美範式都與現代水墨有剪不斷的文脈關係，儘管西方後現代以解構歷史，打散傳統規範，跨越邊界等方法處分用事，但水墨作為東方文化的基因，既有地域文化的特質，又有來自傳統的文化體認。臺灣水墨後現代成長的文化土壤是臺灣"混合文化社會"的語境，這也是藝術家面向的語境，其中雜有多重的文化體認，而"文化身份"則一直是臺灣藝術家的關切所在。在水墨畫界，50年代的"正統國畫之爭"，60年代"抽象水墨"，70年代"臺灣水墨"，80年代"後現代水墨"，差不多十年一起伏，主題詞都有"文化身份"的含量。無論是結構的或是建構的，途徑仍然落在水墨表現的範疇。依章湖的觀察，臺灣當代水墨不像西畫那般全盤接收西方流風，重要原因是東西方文化形態的根本差異以及創作思維方式的不同。章湖君的看法值得點讚處有三點：一、立足於臺灣本土的文化資源和生態；二、鎖定水墨藝術風格的嬗變趨勢；三、解析後現代水墨的創作方法。立此三法，可收庖丁解牛之效。正是因為作者站位篤定，所以能從文字間讀到針對臺灣後現代水墨切中肯綮的褒貶議論。

臺灣後現代水墨走過了三十年，現在已經落地生根，近年的水墨創作更尋求與臺灣社會、文化、生態、信仰層面的多元對話，可以看作全球化語境下的"在地回應"，是在為下一輪的"後設"提供鋪墊，水墨形態的可為空間仍在延伸。也就是說，章湖的"水墨情結"還不能放下，他的水墨創作和研究理應不會停下來。我相信，那深植於心中的文化理想大概也不會讓他做一隻"後水墨時代"的閒雲野鶴。

衷心寄望常能讀到章湖君的高見，常能欣賞到章湖君的水墨新作。

羅世平

2015 年 6 月 3 日於來圓

自　序

　　覺路雲泥兩岸遙，問劍拜師莫嫌老，

　　世態炎涼逆增上，白頭壯志氣凌霄。

　　吾生有涯，學海無涯。男兒志在四方，只怕時不我予。

　　2010 年從臺北藝大教授退休後，我毅然效法當今著名小說家金庸八十六歲高齡赴劍橋大學完成博士學位的精神，不計旁人毀譽，頂著「白髮學童」名號赴北京攻讀博士，全然為了年輕時代未了的宿願，終於，熬過長夜迎向黎明，個中滋味悲欣交集。如今回想，教一位「白髮學童」能寫出「後現代」臺灣水墨文章，史無前例，不啻也屬「後現代」之舉。

　　西方「後現代」早已成全球化的一項改造運動，臺灣現代自由風氣無限擴張之下，「後現代」已與「現代」合流混淆，似乎難以分辨彼此界線與意義。君不見時下開放的社會現狀？為政者變裝卡漫人物，科技製造虛擬世界，標榜另類商品行銷，服飾復古混搭等等的流行風，不勝枚舉。這些不按牌理的怪異行徑，引發話題，無不顯示了當前社會的後現代景象。其實，若要考究「後現代主義」思潮脈絡實在複雜無比，加上它本身始終難解的不確定性「自反」因素，導致這個後現代主義一旦離開學術場域，即註定它難測的宿命。譬如：美感品味的淺碟化，從政府到民間濫用「美學」之名，這乃是誤解「後現代主義」思想而被操弄的一種後遺症，不知何時方休？

　　「後現代」顯然衝擊著臺灣文化本位，書畫界多半排斥與抗拒，談虎色變，形成諱莫如深的消極現象，像一股暗流，某方面因此阻礙了書畫藝術拓展「當代性」的時代契機。「後現代」確實與之相互牴觸，而背後真正癥結無非「國際化」與「本土化」相對論述的根本問題。但是，大家瞭解，當面

對全球化之際，任何本位主義者已經無法敝帚自珍，必然因為國際交流的現實效應而有所「位移」，即毫無例外面臨重新洗牌與新變，這關係著書畫文化自身「體用」之間如何調適創發，而它最終仍然面對時代精神價值作為挑戰與判斷。於是，該如何化解這種潛在的尷尬？這般弔詭的「後現代」議題，何以臺灣當下缺乏此一大哉問？

「後現代」，這就是任何有識者不可迴避的，更不該因此而忽視它本身學術與藝術在這個時代的含金量。

筆者藝術生涯，經歷 1987 年臺灣社會從戒嚴到解嚴的時期，深刻體認時代精神彷彿「現代」到「後現代」一般，而長期服務於前衛指標的臺北藝大，無時不與當代藝術創作為伍，反覆思索，肯定「時代精神」是自己藝術追求不變的理念。心中自忖：否定「現代」的「後現代」與其他主義一樣，對任何藝術家其實都是一帖利弊互生的藥，因此，藝術需要理論思辨的支持力道，雙管齊下，方能期望蘊育能量，終於促動筆者投身研究此一「後現代」學術問題。

一位當代學者指出：後現代主義者的傑出貢獻，就是大膽地將「自由」純粹理解成為「可能性」。當今藝術家自主詮釋後現代「自由」或「可能性」創作理念，使原先不可能變為可能——這並非單純的對錯問題，而是思辨時代美學精神的多元價值，自由揮灑可能的極限。在學理上，全球化的「後現代」是兼容並蓄的多元主義，而且穿透時空，挑戰一切既存的「現代」，乃至追溯「傳統」，而形成當前所謂「大現代化」整體局面。在臺灣，當代藝術並非獨尊「後現代」不可，但若是缺少「後現代」則是無法解讀當代藝術全貌。儘管「後現代」不確定因素導致言人人殊，終究值得從學術論述立場檢視它當代的「可能性」意義——正如古諺可謂「反常合道」的逆向思考，目的無不促使個人思想翻轉而獲得吞吐破解之道。這個基本道理，恐怕是那些刻舟求劍者所不能夢見的。

再者，筆者因為認同理論與創作兩者相輔相成的切身經驗，這讓我萌發一個「藝術學術化」的芻念：藝術為學術之體，學術為藝術之用。十年磨劍，半生思索，筆者即藉此篇「後現代」研究，作為此一芻念現身說法的「論述」見證。筆者在結論中強調：堅持文化主體的美學思維論述，從學術高度化解「後現代」矛盾與爭議，回歸創作精神本位，並試圖詮釋當前「現代化」的整個宏觀意義，以避免因為論述「後現代」謹毛失貌，再度陷入它

邏輯上顛覆或否定的漩渦中。

回顧歷史，震古鑠今的清初石濤《畫語錄》，即是當時一部繪畫創作「論述」的經典之作。衡諸古今中外，真相至理放諸四海而皆準，而如今眾說紛紜，無所不可的「後現代」能否穿透時空，啟發思維與創作能量，就看藝術家運用之妙存乎一心了。而時代思潮所致，臺灣當代場域正興起「論述」風氣，學院派藝術與學術積極整合，已形成藝術創作研究趨勢，若據此以往，或許有朝一日，藝術學門研究領域能夠跨越門戶，自立理論系統，則是功德無量。

回首來時路，本文粗略架構得以脫稿，因內人鄭錦鳳一路精神支持並化解後顧之憂；十分感謝兩位學養深厚的博導：李少文教授給予畢業創作自由揮灑；羅世平教授給予畢業論文破題指點，並撥冗寫序；讀博期間，親炙薛永年、邱振中、鄭岩、易英、王宏建、高建平、彭鋒等教授之理論；熱心協助的趙偉、雷子人、程代勒、莊明中與楊鼎獻等教授、22 號樓室友許凱明、劉曉達、董睿、楊樹文、劉軍平、姜鵬、葛玉君、陳粟裕與蕭好倫等博士；資深藝評家曾長生博士惠賜高見；本文作品圖檔慨然惠予使用的藝術家們；許多兩岸同道好友送暖，均一併致上謝忱。小女音樂博士林南雁與藝管碩士林質安分別幫忙英譯與文編，亦感欣慰。最後，特別感謝花木蘭文化出版社，因為羅世平教授鄭重推薦之故，而獲得此次付梓機會，深感榮幸與惶恐。書末附錄筆者昔日幾篇研究小文，或許可從旁補充說明。

「無涯理境歸言外，有限文章付世間」──筆者始終將創作與理論視為一體兩面，尋牛訪跡，但學養未逮，願藉此拋磚引玉，共築臺灣學院派藝術創作之研究願景，更期待同道前輩不吝惠賜高見，裨益修正謬誤之處，筆者謹在此合十以謝。

林章湖
2015 年 9 月於掃心齋

目

次

第一章　緒　論

第一節　研究動機與目的

　　學術上，任何藝術「思想」本身既非進步也非落伍，尤其，當它作為藝術論述，即可能碰撞開創思維空間。藝術之核心，永遠來自於人類自覺的主體性，而非任何既定的框架與現成的權威。人文的研究，就是一種理想性的追求，一種超越思想的壓迫性箝制，並且努力朝向非支配性、非本質主義式的學習典範。〔註1〕

　　二十世紀以來，外來思潮所帶來臺灣藝術文化領域的衝擊與影響，顯然即是一個無以回避的全球化課題之一。臺灣多元的文化場域亦日益產生質變——文化場域是經由各個不同文化、政治、社會等範疇的「子場域」所相互積累的結果。而藝術與其文化動機的模糊化，是外來影響最明顯的元素，似乎打破其傳統文化的同一性。現代「文化雜化」存在雙面的意涵，純粹性已經不是唯一理想，而藝術同時在這個過程中，仍然保存與創造一種再現於文化脈絡的可能性。〔註2〕

　　西方文化思潮藉由強勢經濟實力早已影響東方，它一方面使得文化本土的界線與範疇變得越來越模糊，導致當代藝術總是應接不暇外來思潮的挑戰與蛻變。另一方面，第三世界的後殖民與本土意識同時覺醒，東方藝術家抬

〔註1〕　《東方主義》，愛德華・薩依德〔Edward W. Said〕著，王淑燕等譯，立緒文化，2003年，二版。

〔註2〕　林宏璋，《後當代藝術徵候：書寫於在地之上》，臺北：典藏藝術，2005年，頁10。

頭，形成多文化主義的趨勢，而在西方主導的國際展場中，似乎藝術開始傾向一種「越本土，越國際」的操縱路線。盛行的「後現代」，更以超越姿態扭轉當代藝術的遊戲規則──如本土與國際，傳統與現代，相對價值的解讀判斷，陷入各種「自由」與「可能性」的實驗的模糊語境。當代，似乎藝術本身的「後現代」與「國際化」之間彼此已經逐漸縮短距離。

> 一些中國藝術家在西方使盡方法將中華文化元素翻譯成充滿東方色彩的當代藝術而獲取西方觀眾的一時好奇與欣賞，其呈現形式多是後現代的、國際化的，同時滿足西方觀眾在這後殖民的時代所渴求的新一類的原始欲望。東方文化重新被後現代主義包裝以後，則既原始又摩登，既神秘又熟悉，既遙遠又親近，因而將東方主義的負罪感盡數洗淨，讓西方主體感覺自己是開放的、國際的、有正義感的、對文化差異有敏銳見解的，而不再是文化差異的簡單消費者。
> 〔註3〕

　　水墨作為中華文化藝術的代表象徵，臺灣面對全球化「後現代」藝術思潮的衝擊，影響層面更勝過以往，學院派水墨藝術在當代固然扮演其傳承文化的身份角色，而全球化的文化場域的交流與雜化，無疑將使水墨視野在自己文化脈絡上開放全方位的實驗拓展。如果文化是通則性，異種文化之間的相互影響即永遠無法產生，藝術家追尋異種文化價值所產生的意義，對其自身不言而喻。〔註4〕臺灣本身自是個「混合文化」多元本質的社會。當代，談到臺灣文化身份，仍是多元複雜與不確定的問題，藝術創作正反映「現代」與「後現代」之間混合交融「自由」與「可能性」的意涵與特徵。有學者認為「現代」還未結束，「反現代」的「後現代」只是現代的下一步進程。它的關鍵因素即是在於「自由精神」：

> 後現代主義者對於「自由」的理解已經徹底超越傳統自由概念，使他們有可能以其新的自由概念作為指導原則，從事高度自由的創造活動。……後現代思想家的傑出貢獻，就是大膽地將自由純粹理解成為「可能性」。……作為可能性的後現代主義的自由，仍是思想意識的範疇。……它是不可捉摸的，然而又是最有潛力和最具現實化

〔註3〕 史書美，〈性別、種族、跨國視角〉，簡瑛瑛主編，《女性心／靈之旅》，臺北：女書文化，2003年，頁27。史書美，美國加州大學洛杉磯分校比較文學系、亞洲語言文化系，以及亞美研究系合聘教授，臺灣大學客座教授。

〔註4〕 羅青，《什麼是後現代主義》，臺灣學生書店，1997年，第二版，頁124。

可能性的東西。〔註5〕

現實中，作為全球化現象之一的「後現代」早已發生，並且與「現代」混雜互生同時並進。但是，後現代主義藝術創作的自由精神，因為它本身帶有否定、負面的顛覆性格，招惹反感，使得不少當代藝術家誤解而怯步。標榜「當代」創作者涉入雖不在少數，呈現一種實質涉入但表面往往否認的矛盾狀態。筆者置身其中，經常反思「真正創作思想與時代精神何在？」「當代之後現代到底真相如何？」等切身課題。因此，筆者基於關注「臺灣當代水墨」，鎖定「後現代主義」思潮帶來的爭論議題，試圖從其曖昧渾沌，妾身不明的尷尬處境中，揭開它何處是歸程的謎面。藝術固然是個人創作之事，但是其最高價值，應該在於提煉個人與時代潮流對話的精神與卓越表現，有容乃大。毋寧說是認同一種「多元文化主義」的「後現代」多元複雜思維之下，論述「臺灣當代水墨」時代藝術，試圖觸及個人所期盼的意義：

一、文化體認

當代社會文化面臨著自由開放的語境，其多元複雜的程度可謂空前，仍是此時空經緯的研究背景。理解東西方文化體質差異下的語境方式，從西方「後現代」對照於臺灣當代的「現代」、「後現代」，期能客觀掌握今日「後現代」思潮的「跨文化」時代意義。

二、藝術論證

筆者秉持藝術創作主體意識的論述立場，聚焦於「後現代」觀念思想影響之下的當代水墨畫家，檢視其「後現代」藝術形式意涵，搜證博引，就其「自由」與「可能性」，以探究此中藝術思想之契機。藉此躬身自省，洗滌筆者藝術創作的感性迷障，增生藝術創思與論證理路。

三、學術研究

學術研究之意義，在於運用科學理性方法釐清一切問題的真相與真理。本文秉持藝術創作「主體性」，概括歷史文脈與主義學理，歸納會通與析論，援引當今國際「藝術學」研究方式，開放論述「後現代」水墨在當代臺灣演變的真實面貌與意義。自期以學術研究方式蠡測一己藝術思想。

〔註5〕　高宣揚，《後現代論》，中國人民大學出版社，2010年2月，頁13～15。

第二節　研究內容與範圍

　　研究內容以「臺灣當代水墨」受到西方「後現代」主義的影響與實踐爲主，涵蓋「後現代」的「時間」與「藝術」兩個層面的探討。從「後現代主義」基本定義來看，「後現代」固然是因爲「反現代」而生，但是離不開「現代」作爲它本身解構的原型；實質上，「後現代」思想是超越歷史、種類、性別等當代範疇。而臺灣當代水墨多元自由的現代化發展歷程，問題本身極爲複雜，包括了種族與殖民意識的國畫「正統」與「美學」之爭；藝術的「反傳統」、「本土化」；以及解嚴之後「後現代」社會流行文化現象；水墨結合後現代創新理念而成爲當代之一門顯學等等，千頭萬緒。因此，必須客觀地貫穿「現代」與「後現代」之間思想脈絡與藝術演變作爲探討軸線，經過畫家史料排比與論證，推演歸納之後，才能釐清當代臺灣「後現代」水墨的實質涵義與特色。

　　探討年代範圍，以國民政府遷台之後，水墨開始「現代化」時間點爲本文開端。臺灣水墨「現代化」，大體上延續民國初年中國大陸美術院校革新理念與方向，兩岸分治多年之後，尤其臺灣社會民主化自成一種文化體質，現代水墨藝術再次開放、解構「現代」，因此，跳脫藝術主觀立場，而以一種學術研究的高度，如何解讀「後現代」水墨在臺灣社會文化與歷史定位，無不爲當代藝術家與理論家所關注。

　　臺灣海島型社會文化彷彿海綿吸納一般，來者不拒，當代之「後現代」水墨風格論述，亦不可忽視海外前輩中國水墨畫家來台活動的影響層面；並且討論「後現代」臺灣水墨畫家的創作應變，「本土化」與「國際化」時代議題，以闡述當代水墨藝術思維發展與向度。本文以論述「藝術語言符號」，即是創作主體「風格形式」，判斷其視覺藝術風格表現，試圖鉤勒出後現代思想與水墨語彙運用之下的涵義與特徵。

　　筆者一路走來，執著追求時代精神的水墨風格，期間也曾涉獵「後現代」水墨創作與活動，而自己藝術歷程與「後現代」時間點恰巧重疊，置身其中，躬逢其盛。八〇年代，西方「後現代」影響臺灣，思潮滲透無所不在，跨越領域，至今形成「現代」與「後現代」交戰局面，看法似是而非，「後現代」令人難窺全貌。因此，本文研究兩者彼此思想的差異與消長，試圖定調：「當代並非後現代」、「大現代化包涵現代與後現代」、「臺灣解嚴是區隔現代與後現代的座標」等概念，用以支撐全文論述的史觀架構。文末，爲了回顧自我

「後現代」的藝術創作，附錄〈筆者水墨作品中的「後現代」作風〉一篇，圖文對照，作爲而後藝術論述參酌之用，以觀後效。

第三節　研究方法與限制

一、研究方法

> 每一個文化的發展與維繫都需要另一個與之相異且具有競爭力的另類自我（alter ego）存在著。認同的建構——總會牽涉到對立物和「他者」的建構，而其真實性也總是受制於「我們」對他們的差異性的詮釋與再詮釋。〔註6〕

本文基於以上觀點與認知，研究方法主要以美術史評論方法與藝術風格分析比較法爲主，從詮釋問題的差異性顯示其獨特性，即針對本文主題「後現代」，首先，正本清源，必須透過西方「後現代性」與「後現代主義」思想，加以闡釋說明它原本意義與範疇，從「我們」第三世界角度詮釋、反思它的影響與效應。

> 對於後現代主義的研究，又不能單純孤立地圍繞這著後現代主義自身的不可界定性，必須將後現代主義的各種論述，……同各種思潮和各種流派的觀點和理論加以多方面的比較和分析，達到以多種迂迴的反思途徑進行分析的最高程度……便可盡可能地把握後現代的基本原則。〔註7〕

所以，本文論述必然要跳脫眼前狹義的時間「當代」，檢視西方「後現代主義」對臺灣水墨的影響，絕不能只孤立地談「後現代」本身而已，應該採取「迂迴的反思途徑」——包容當代多面向的立場，如此詮釋，才不至以偏概全。「當代」臺灣水墨的文化發展歷程，即以臺灣社會開始「現代化」到目前的階段爲主要階段。這超過半個世紀以來，臺灣社會因爲發展快速，造成農業、工業、後工業三者混雜並存的狀況，整體的歷史文化發展複雜無比，其多元性遠甚過以往，而這種環環相扣的多元複雜條件，即成爲「現代」、「後現代」藝術交相醞釀發揮的現實溫床，而比較兩者同時顯現出對立與建構的關係。

〔註6〕同註1，頁497。
〔註7〕高宣揚，《後現代論》，中國人民大學出版社，2010年2月，頁19。

其次，從「一切法爲我所用」的創作立場，討論臺灣當代水墨作品，重點放在「風格」的「藝術語言符號」進行分析解讀，界定所屬的流派或主義，以印證論述觀點，彰顯風格蘊含意義與特色。現代美術研究法已經發展跨域探討，風格分析法雖然並非最新的研究法，至今仍然在討論視覺造型藝術創作「主體性」上具有實用的功能。

> 如果要想理解文化環境變化和藝術發展之間的相關性，我們必須立
> 足於風格研究之上。只有當我們清晰地描述風格變化的具體內容之
> 後，才有可能由之思索它在文化脈絡中的實質意義，並以之與歷史
> 上其他類似而實質不同的現象區別開來，從而得出妥適的歷史解
> 釋。〔註8〕

當今許多中外專家學者包括美術史家、藝評家、美學家、策展人等，大多循此研究方法進行。本文參考資料即收集有關討論臺灣現代化水墨的學術著作與期刊專文，爬梳思辨其中客觀論點，作爲開題立論之斟酌參考。藝術創作本來就不等同於美學思想，而兩者始終是藝術「眞理」的一體兩面。今日「後現代」變化多端，只能儘量客觀運用研究理論與方法，相對比較，解釋印證。筆者在探索過程中，引介或論證不少中肯的專業觀點與見解，論述架構上盡量斟酌人文社會關懷與當代精神之客觀立場，以區隔無謂的政治干涉等其他因素。

當代學者論述「後現代」藝術與東方「禪學」兩者之間，指出西方「後現代」與東方文化具有思想淵源之關聯性；而「後現代」本身自由與可能性的特質，正如中國超逸的寫意揮灑或草書風采一般，無不彼此映照藝術語境等，合而不同，開放論述，探究此一時代容顏之道理，相信更能還原東西文化會通的源頭意義。傳統思想之於當代創作，此中咫尺千里，端視論述者的認知罷了。

以臺灣當代文化歷史作爲論述背景條件，進而解析「後現代」水墨作品具體風格手法與意義，因爲「後現代」與「現代」彼此交迭並進，「後現代」藝術界定不分題材種類等的模糊性，與「現代」新變類似，易於混淆，除了一般視覺符號的風格分析比較，更須理解其創作實際意圖，以做爲兩者區隔

〔註8〕 石守謙，《風格與世變——中國繪畫十論》，北京大學，2008年7月，頁4。
　　　　參見林章湖碩士論文，李霖燦指導，《元代王蒙山水畫風格之研究》，1986年；
　　　　《王蒙研究》專輯，朵雲，第65集，上海書畫出版社，2006年7月，頁84。

的依據。這一點，同一藝術家若創作「現代」與「後現代」不同風格時，相互比較即容易分辨。

如今，當代藝術理論研究逐漸重視「論述」本身與歷史、社會關係的積極意涵。〔註9〕尤其，出自藝術家現身說法的「論述」，其創意自主的主體性乃成為最直接的藝術觀點與內容，被視為研究不可缺的資料之一。如此，藝術家介入提升創作本身在當代地位，而研究領域越加開放的條件下，不再囿於僅是以往文史資料方面的考證，這預示了藝術的學術探討領域將拓展更寬廣視角的見解。此一方式，符合時代趨勢，相信將有助於當代藝術創作生態彼此交流融通，即豐富創作與研究，對於學院派藝術未來發展，尤其具有深遠影響。

二、研究限制

當前臺灣藝文界多元自由發展，各大學不乏「後現代」課程與著作，坊間此類中外文書目繁多，涉獵「後現代」的學者與藝術家亦不在少數，而其中以「後現代」水墨藝術成名者雖然有之，但水墨畫家兼善理論且專研「後現代」藝術思想則是寥寥可數，可見學門科際之間彼此橫向整合自由而鬆散，在臺灣行之有年的「後現代」，或許因為其理論本身屬性與歷史之雜蕪多元，令水墨藝術創作者對它學術研究益加望之卻步而不得其門而入。〔註10〕

本文題目設定為：「後現代」與臺灣當代水墨，旨在藉由探討理論的根本源頭，以觀察臺灣當代水墨受之影響的面向。任何涉及臺灣當代水墨，仍須通透「後現代」理論，若僅討論作品外在形式表象，對內在思想脈絡不明究理，終究無以為功。因此，必須先界定頗具爭議性的「後現代」，才能進而談論臺灣當代中的「後現代」水墨梗概，前後是因果關係，彼此保持觀照距離，相互檢驗，才可能客觀思辨與釐清其中癥結。

〔註9〕　同註5，頁307、308，參考法國傅柯（Michel Foucault，1926～1984）後結構主義論述內容。

〔註10〕　羅青，《什麼是後現代主義》，臺灣學生書店，1997年，第二版，頁16。作者自稱此書是中國第一本有關「後現代主義」的專書。全書主要是翻譯自歐美三篇著名後現代主義文章，附加作者「導言」、「本土文化論述」與「臺灣與歐美後現代大事年表附錄」介紹文字而成。
全書中作者對於臺灣「後現代」與「水墨」畫家關係敘述極少，作者只列舉後現代水墨畫家僅有：于彭、羅青、倪再沁、洪根深、李振明、張建富等六位。按：作者該書與本文時間上相差十六年之久，因此，後來許多涉獵後現代水墨創作領域的畫家均未在名單之列。

　　文中避免使用「後現代水墨」而稱「後現代」水墨，即考量它受制於「後現代」多元性與不確定的游離因素。筆者大量閱讀與題目相關的著作文章等，以擬定本文內容架構與解讀，同時蒐集臺灣當代的「後現代」水墨藝術展覽記錄活動等重要文獻資料，作爲參照引證。本文研究題目屬臺灣目前正在進行之議題，筆者此時探討當代畫家之際，則儘量排除個人預設立場，僅秉持學術研究之超然立場，依照本文內容架構與論述依據來舉證代表畫家與作品。

> 　　明知語言限制了我們，我們仍然不得不通過語言去理解和分析不可
> 說和不可表達的「後現代主義」。其實，「後現代主義者」也和我們
> 這一代人一樣，都遇到了這種令人矛盾和弔詭的窘境。〔註11〕

　　上述觀點，正說明任何試圖探討「後現代」所無法避免的現實問題。理論思想本身不確定性、無定義的屬性等，以及藝術創作本身的幽微感觀，這些難以言詮的問題凸顯了「語言文字」不同領域所無法企及，而當今「後現代」流行詭譎，莫之爲甚。

　　舉凡藝術創作之幽微，與乎理論邏輯之推演，彼此總是存在必然的落差。雖然如此，藝術之精義乃繫於哲思之滋潤與淬鍊，相輔爲功。外來的西方「後現代主義」演變歷史非常複雜，在它開放思想語境之下，尤其，多元性分歧的後設邏輯上「異質標準」，本文論述之議題其思想或有涉社會學、人類學、心理學、現象學等當代學術之專業領域，浩瀚玄奧，遠遠超乎筆者能力所及。過程中，外文翻譯與中文語意的隔閡等，有時使解讀產生混淆；「後現代」中西方文化理論與藝術創作之著作汗牛充棟，研讀梳理，難免疏漏不周之處。再者，本文首開臺灣水墨「後現代」之學術研究先例，筆者成長歷程置身其中，自我審視距離接近，抽絲剝繭，蒐集整理亦難以全面掌握，此皆現實條件與本身研究經驗能力所限等因素，因而影響本文研究之結果。總之，本文論述內容之歸納或見地，充其量，對這個題目還只是提出個人詮釋的觀點而已。

〔註11〕同註2，頁2

第二章　何謂「後現代」

　　西方「後現代」所涉的範圍非常廣泛，舉凡建築、藝術、哲學、文學、美學、語言、歷史、社會、文化、生活等領域皆是，可謂包羅萬象，而其涵義更是多元混雜，百家爭鳴。「後現代」現象正如他自己本身一樣的弔詭難測，實在是史上前所未見。〔註1〕

　　本文所談論的「後現代」一詞，因為依據水墨藝術「主體論」作為研究主軸，所以「後現代」一詞即指涉或包含「後現代的」、「後現代性」或「後現代主義」藝術的多重涵義範圍。論述用意，在於探討它對於臺灣當代水墨的影響，即檢視此一外來時代思潮激盪水墨藝術所產生的現象與意義等關係。因此，討論臺灣當代水墨藝術受之影響，勢必先了解西方「後現代」的思想背景與基本定義。

第一節　「後現代」思想背景與定義

　　「後現代」是出自西方現代化之後流行的一種「反現代」的思想。

　　1917，法國現代藝術家馬賽爾・杜象（Marcel Duchamp，1887～1968）跳脫視覺創作進入觀念創作，用創作形式避開了傳統的影響力，他提出了一件轟動藝術界的作品，頓時打響了西方現代藝術思潮中的「後現代主義」歷史冒險的漫漫之路──對於達達主義、超現實主義、波普（POP）藝術、概念藝術都產生了巨大的影響。

　　一個以"尿壺"創造了"現成物"觀念的異在者，回應著"百姓日

〔註1〕　高宣揚，《後現代論》，中國人民大學出版社，2010年。

用即道”、“道在屎溺”的東方妙語；於是《噴泉》成爲後現代藝
術的濫觴，它既是現代主義死亡祭壇上的祭器，又是一個詭異的後
現代主義“聖杯”。〔註2〕

「後現代」英文“postmodern”是一個組合名詞，“post”是「後」、「之
後」的意思。字面上意謂著「後現代」產生於「現代」之後，不只從歷史發
生時間的前後作爲定位，且標示了兩者之間演繹方式與旨意存在著明顯的差
異區隔。這頗類似於「後印象主義」之於「印象主義」的用法。

關於「後現代」一詞的起源，最早可追溯到 1870 年左右，英國畫家雀門
（John Watkins Chapman，1853～1903）提出「後現代」繪畫，用以指稱比印
象派更前衛的繪畫。英國史學家阿諾德・約瑟夫・湯因比（Arnold Joseph
Toynbee，1889～1975）巨著《歷史研究》使用「後現代」一詞，標示西方文
明史中的一個新歷史週期，始於 1875 年的歷史輪回，西方支配力的告終，個
人主義資本主義和宗教的衰微，以及非西方文化的勃興，也推崇多元化和地
球村文明，他釐清了 1875 年以來西方文化史的一種新史觀。〔註3〕這個觀
點，正爲 1990 年代以後興起的「文化多元主義」藝術打好理論上的根基，也
給了「第三世界」從以西方藝術爲中心的威權歷史中，驚覺自身文化藝術獨
特的地位。〔註4〕

二十多年研究經驗的高宣揚（1940～），在他的力作《後現代論》一書前
言中概括指出：

> 經歷二三百年發展而極端成熟化的“現代主義”（le modernisme），
> 正當其內涵理論能量和創造精神得到充分發揮的同時，其中的各種
> 內在矛盾及其吊詭性也充分地暴露出來了。“後現代主義”就是如
> 此地在現代主義不知不覺的發展和危機中，在現代資本主義社會和
> 文化內部逐漸地生長出來的。〔註5〕

根據劉象愚（1942～）在《後現代主義百科全書》的前言，更明確地指
出其形成的輪廓：

> 「後現代主義」從 20 世紀 50 年代末、60 年代初誕生，至今已走過

〔註2〕 島子，《後現代主義藝術系譜》，重慶出版社，2007 年 1 月，頁 11。
〔註3〕 同上，頁 12。
〔註4〕 暮澤剛巳著，蔡青雯譯，《當代藝術關鍵詞 100》，麥田出版，2011 年 4 月，
頁 166、167。
〔註5〕 同註1，前言頁 1。

半個世紀的歷程。……就學科領域而言，它最先從建築中發軔，而後不斷拓疆闢土，次第侵入藝術、文學、哲學、歷史、宗教以及其他社會學科甚至自然科學的王國；就定義而言，它從對現代主義建築的拓展與反駁開始，逐漸融合了各種不同學科理論的有益因素，在許多建築大師和批評家的實踐與理論的基礎上，結合了眾多不同學科論者的個性化理解與闡釋，形成了複雜、多元的含義，以致千人講後現代主義，就會有千種後現代主義。……就地域而言，它從美國問世，很快就從西方播撒到東方，在全球不同的土地上開出了風姿各異的花朵，結出了變異的果實。80、90 年代之後，後現代主義已經形成了強勁的學術思潮，成了不同學科中共享的概念，儘管今天它已經開始衰老，但它曾經對當代政治、經濟、文化以及社會的種種機制產生過強大的推動力，而且其影響至今依舊強大，特別是對致力於現代化的第三世界諸國而言，它的種種意義和歧義仍然具有強大的生命力。〔註6〕

　　法國哲學家利奧塔（Jean-François Lyotard，1924～）則是二十世紀八、九〇年代知名度最高的後現代主義宣導者。他於 1979 年研究《後現代狀況——關於知識的報告》（The Postmodern Condition: A report on Knowledge）〔註7〕，聲譽倍增，1984 年出版此書，使得後現代主義這個術語所包涵的概念成為了藝術、人文科學和自然科學領域內部當代智性爭論的中心。他主要關注點是合法化危機，而這正是這一危機界定了「後現代狀況」；他向宏大敘事宣戰，由此引發了對後啟蒙時代的知識、美學和政治的新懷疑式的重新評價。〔註8〕利奧塔因此被稱為「後現代主義」一言定槌的代表學者。所以一般認為「後現代」達到巔峰時期是八〇年代後半葉。

　　後現代主義是一種非常複雜的社會文化現象。它集中地體現了當代社會政治、經濟、文化和生活方式的一切正面與反面因素的矛盾性質；它既表現了西方文化的積極成果，又表現出它的消極性；它既

〔註6〕維克多・泰勒（Victor E. Taylor）、查理斯・溫奎斯特（Charles E. Winquist）編，章燕、李自修譯，劉象愚校，《後現代主義百科全書》，吉林人民出版社，2007 年 6 月，中譯本前言。

〔註7〕同上，頁 291；原法文 "La Condition Postmoderne, rapport sur le savoir"，高宣揚譯為「後現代的條件」。

〔註8〕同上，頁 291。

包含創造性，又隱含著破壞顛覆的因素；它是希望和絕望共存並相互鬥爭的一股奇妙的社會文化力量。

……它旨在反省、批判和超越現代資本主義的"現代性"，即資本主義社會內部已占統治地位的思想、文化及其所繼承的歷史傳統，提倡一種不斷更新、永不滿足、不止於形式和不追求固定結果的自我突破創造精神，試圖爲徹底重建人類的現有文化探索盡可能多元的創新道路。〔註9〕

誠如前述編寫《後現代主義百科全書》的兩位美國籍教授所言：

後現代主義不僅僅是一種時尚，它對學術與文化生活的影響要深刻得多，持久得多。從整體上講，我們將後現代主義看作一個正在不斷進行的過程，一個在藝術、文化和學術的多樣傳統內既是解體又是變革的過程，而不僅是一種風格。〔註10〕

這無異說明了後現代主義此一時尚的本質問題，表面看來處於舉棋未定的局面，其實在文化傳播層面上，它的影響力老早已經無遠弗屆了。至今，它存在的現實意義仍是一種絕對而超然，是無法以某一種風格加以概括論定，無論是學術研究或是藝術創作的角度出發，雖然言人人殊，卻是可以無所不能，千人千面。今日，國際間當代藝術創意之所以達到驚世駭俗，千奇百怪之空前地步，無不是後現代堂而皇之大行其道的結果。「後現代」思想已所向披靡，廣泛地影響到世界各國的藝術文化發展，眞可謂是當前的一項全球化的運動，實不爲過。

第二節　「後現代」藝術面向

翻閱古今中外的美術史，從來沒有出現過像「後現代主義」這般複雜而難以捉摸的現象。它令所有專家學者無不感慨：「後現代到目前爲止，唯一能確定的就是它的不確定性」。〔註11〕在六〇年代，美國後現代學者則已認爲，「後現代是偉大的現代主義之凋落飄零。」〔註12〕臺灣美術學者王秀雄（1931

〔註 9〕　同註1，前言頁2。
〔註10〕　同註6，導言頁2。
〔註11〕　引用北京大學哲學系彭鋒教授，講述《藝術哲學經典選讀》對「後現代」所下的結論：參見高宣揚《論後現代》、島子《後現代主義藝術系譜》二書。
〔註12〕　同第一章，註4，頁24。

～）則認爲，「後現代主義」的「後」是想「超越」現代的意思。〔註13〕正如前述，任何論述角度不同其結論自然不同，這使得這個主義的藝術實踐難以周全。這種看似兩極化的看法，毋寧說是反映了「後現代」本身不確定性（高宣揚稱之不可界定性）的基本屬性，而這兩種看法也成爲「後現代主義」不同的「後現代」論述了。

> 後現代它已放棄了以前現代主義繪畫的烏托邦使命，在失掉這種意識形態的使命之後，當形式從歷史中解放出來之後，繪畫現在可以自由地追隨一種贊同所有過去語言的可逆轉的游牧態度。這是一種希望剝奪語言之意義的觀念，傾向於認爲繪畫的語言完全是可以互換的，傾向於將這種語言自固定和狂熱中移出來，使它進入一種價值經常變動的實踐中。不同風格的接觸製出一串意象，所有這些意象都在變換和進展的基礎上運作，它是流動的而非計劃好的。在這裡，作品不再蠻橫地說話，不再將自己的訴求建立在意識形態固定的基礎上，而是溶解於各種方向的脫軌中。我們可能更新在其他情況下不能妥協的指涉，並且使不同的文化溫度交織在一起，結合未曾聽過的雜種和語言不同的變位。〔註14〕

如此紛雜的西方後現代主義藝術，在島子（1957～）所著的《後現代主義藝術系譜》一書中，林林總總，共計蒐集藝術創作達五十六種之多，它幾乎涵蓋了所有當代西方後現代主義藝術活動記錄。從藝術美學的角度概括「後現代主義」藝術特徵及其創作方法，分爲：一、不確定性；二、解構；三、預言性的再生；四、挪用的合法化；五、波普涵延化；六、商品性；七、相容性或激進的折衷等七種。此系譜給人莫大的便利，直接提供所謂當代流行「後現代主義」藝術現象的參照理路，既概括且明確。非常顯然，東方第三世界受到西方勢力大肆傳播輸入之下，影響了它當代絕大多數的藝術創作發展。

我們從島子一書當中可以看出，其中有許多藝術風格或類型名稱對臺灣藝術界而言並不陌生，且已經耳熟能詳，大致上曾經出現過——表現個人行

〔註13〕 王秀雄，〈後殖民／後現代的台灣美術〉，《後殖民與後現代：台灣美術院院士第二屆大展》，財團法人台灣美術院文化藝術基金會出版，2012年5月，頁4。

〔註14〕 曾長生，〈當代東方書畫藝術的後現代空間意識〉，《新東方美學結構的跨文化現代性》，2014年。

動理念的有：行爲藝術、身體藝術、偶發藝術、女性主義藝術、觀念藝術等；展現材質空間特色的有：裝置藝術、地景藝術、表演藝術、貧窮藝術、極限藝術、公共藝術等；強調通俗文化的有：媚俗、矯飾藝術、時尚沙龍等；堅持主觀繪畫形式的有：壞畫、塗鴉藝術、新寫實主義、新表現主義、歐普藝術、普普藝術等；以及當代流行的科技數位與錄影藝術等，不一而足。

島子則以一種批判式態度說明此一「後現代主義」藝術的意義：

> 既有思想蘊涵的空間框架，又有視覺形式的時間變異之豐繁景觀。……將整個後現代現象視之爲多重權力話語的角力場和有機關連的知識裝置，闡釋現象背後的歷史條件與理論根源，追問語言論美學轉向之後的多元立場，在質詢資本主義文化悖謬邏輯之同時，批判地肯定後現代性的精神實驗，從而澄明迷離幻化的後現代視覺經驗的奧義與譫妄、悲願與遊戲、救贖與媚俗的多重差異。〔註15〕

而其批判始終秉持客觀理性，不但給時下創作者思索外來藝術時的冷靜提示，同時也細微地透露一種學術探討的角度。此中意有所指的，正是"第三世界"長久以西方現代化馬首是瞻所應幡然覺醒的本質問題。

第三節　「後現代」與「現代」

「現代」無疑是「後現代」的前身，「傳統」無疑是「現代」的前身，當「後現代」針對「現代」的一連串翻轉與顛覆時，也涉及「傳統」範疇。所以「後現代」即接收「現代」與「傳統」的最後受益者。

「後現代」雖是緣於「現代」而且反對「現代」，但它仍然無法完全脫離以「現代」既成種種作爲參考指標，以彰顯其自身揭示的批判意義，所以「現代主義」最終成爲「後現代主義」從中演進而來並永久保存的一種原型罷了。因爲「現代主義」形成了「後現代主義」既抵制又挪用的概念和術語的基礎，因此，「現代主義」本質上，既是對立於「後現代主義」的，又是一種原初的「後現代」。〔註16〕換言之，「現代主義」成爲「後現代主義」解構的關鍵。即使「後現代」話語揭示出「現代主義」許多中心觀念都是錯誤的——主要是意義體系既不是超驗的也不是自明的，而是社會歷史和意識形態力量的產

〔註15〕 同註2，頁1。
〔註16〕 同註6，頁312。

物同時創新，事實上，也僅僅是對更古老的價值的重新利用，一種含蓄的張力依然存在，因為「後現代」觀念是「現代主義」作家與思想家所提出的觀點和概念的直接延伸。〔註17〕

美國「後現代主義」專家伊哈布・哈桑（Ihab Hasson，1925～2015）為了區分比較「現代主義」與「後現代主義」，從各種不同領域內容特點加以對照比較（附對照表如後）。但是這種二分法仍是靠不住的，語意模糊的，因為二者之間差異在不斷變化，甚至崩潰。其中的概念並不完全是對等的，到處都有顛倒、轉化和例外。〔註18〕這種比較的結果，並不令人意外，我們只要審視當代藝術發展現狀的錯綜複雜，總有令人難有釐清澄明之感，其中原因不外如此。

今日當代藝術本身的多元自由發展，已進入空前錯綜複雜的地步，全球化之後，幾近完全解放的狀態，無法定於一尊。任何當下社會生活文化的概念都可以被藝術家作為創作的概念，創作本身的自由度至上，無法規範，今日時空下，充其量，只剩一些社會理性與制度現實既成的法規而已，而它此時此刻正是所有自認為前衛藝術家想抵制或唾棄的物件，哪怕是虛擬也罷。

由於「現代主義」呈現統一性、一貫性、優雅性與純粹性的風格，藝術家強調個人英雄式的論述，相對於二次大戰之後的「後現代主義」，強調流動、多元、邊緣、差異與曖昧含混的風格，它不再強調個人英雄式的論述，且揚棄二元對立的方式，捨棄「大敘述」而強調地域性與「小敘述」，對於傳統理性權力的客觀標準，提出強烈批判。因此，「後現代主義」出現了幾個重要的理念，如反二元對立的「反根本論」或「後結構主義」等。

概括而言，「後現代主義」的藝術特徵有幾種：一、是無主義之主義，反對現代主義的純粹性；二、擅於挪用或綜合其他不同的手法；三、製造跨文化，多元化風格，甚於現代主義的單一性；四、多元綜合的「後現代主義」如同「後結構主義」多元文本的綜合詮釋。〔註19〕總之，後現代主義不斷繁衍的主要動力，是它本身就具有顛覆傳統、跨越學科的開放性；以及這種開

〔註17〕 同前註，頁 313。
〔註18〕 同註 2，頁 130、133。
　　　　羅青《什麼是後現代主義》，頁 32、33 內容，即是翻譯自美國伊哈布・哈桑（Ihab Hasson）《後現代的轉向》（The Postmodern Turn）一文。此一對照表，羅青與島子翻譯用語不盡相同。
〔註19〕 同註 13，頁 4、5。

放性也不斷引起反對、辯論和修正，兩股力量反復批判糾纏而相生。

　　當社會進入「後現代」的跨越國際文化狀態，因爲資訊、科技、消費等全球化的迅速方便，同時製造了不少社會、環保、生態等自然發展問題，以及嚴重失衡的代價，諷刺的是，此一問題並未削弱「後現代」本身能量，仍然成爲它俯拾所得的素材與動機。換言之，原本反對後現代主義的聲浪也同時是使它保持活力的因素。

　　爲了區分「現代」與「後現代」兩者藝術理念特徵的差異，筆者僅附美國當代著名後現代主義學者伊哈布・哈桑後現代二元論【對照表】，以做爲參考。〔註20〕

現代主義	後現代主義
浪漫主義／象徵主義	原物理學／達達主義
形式（關聯、封閉）	反形式（斷裂、開放）
目的	遊戲
設計	機會
等級森嚴	無政府主義
講求技巧／邏輯	疲憊／沉默
藝術客體／完成	過程／表演／偶發
距離	參與
創造／整體性	反創造／解構
綜合	對舉
存在	缺失
有中心	分散
體裁／邊界分明	文本／互文
語義學	修辭
語句組合	符號合成
主從關係句法	無關聯詞並列句法
隱喻	轉喻

〔註20〕同註2，頁130。

選擇	組合
根／深層	塊莖／平面化
解釋／閱讀	反解釋／誤讀
所指	能指
可讀的（為讀者）	手跡（作者的）
敘述的／正史	反敘述的／野史
偉大的密碼	個人習慣語
症狀	欲望
類型	變異多
生殖的／陽物的	多型態的／雌雄同體
妄想症、偏執狂	精神分裂症
淵源／原因	差異——延異／痕跡
上帝即父親	神聖的鬼魂
玄學	反諷
確定性	不確定性
超越	內在性

　　俄國學者維諾格（E. Vinogradova）在他的《時空間之外：中國傳統藝術裡「後現代」之氣質》一文中，從上述伊哈布・哈桑後現代二元論【對照表】之外，增列了三十六項，更加擴大「後現代」理念意涵，即顯示其本身多元多樣，自由表述的特性。〔註21〕

陽　剛	陰　柔
太陽，夏	月亮，秋
阿波羅式	酒神式
普羅米修斯	奧菲斯
個人風格，宗派	折衷主義，合作
雕巧	樸實

〔註21〕維諾格，《時空間之外：中國傳統藝術裡「後現代」之氣質》，臺北：漢學研究中心，1994年4月，頁4～6。

正文	邊緣
方形式	原型式
線性	繪畫性
厚實	（假如）透
結實	脆
競賽，體育運動	演出
身體體健	病，以病暗喻
歷史的進展	歷史的重寫
非宗教，尼采	宗教主義
不信仰因為荒謬	信仰因為荒謬
刻版	書寫
獨白	對話
父權制	女性主義
先天	後先
對立面的鬥爭	十分矛盾相剋
反面文化	文化之外
意識	終結意識
有用	無用之用
有法	無法之法
藝術的價值	壞畫
大聲說	靜默
強音	柔軟
急速	中庸的快板
斷奏音	圓滑地
教育	修養
東西	身體
空想	丟幻想
大改變	保自然
世界之主	世界之客
旅行	臥遊

這兩份對照表，概括了後現代主義的內涵與特徵，提示了筆者一路論述臺灣當代水墨藝術理念與作品風格更多的參照與判斷準則。維諾格在對照表中增加了宗教、音樂、幾何、體育等項目，使「後現代」適用領域愈來愈廣，顯然這主義仍在不斷轉變、游離之中。如果按照這種舉例原則，後現代主義將可以遊走古今中外任何領域而無遠弗屆，無所不可。這又陷入後現代主義本身弔詭而矛盾的漩渦之中。即使探討「後現代」以上相關界定意義，其不確定性仍不易釐清：

一、「後現代主義」此一名詞具有非常廣泛的涵蓋性，涉及全世界眾多學科的文化與知識活動領域。它已經成為當今意識的「巨大孵化器」〔註22〕，它同時是一種思想方法、理論學說，一種普遍性的文化風格或一個歷史時期，這一切無不考驗了研究者對於「後現代主義」的思考與判斷──它本身充其量只是一種開放式的方法或途徑，解答隨人。

二、在如此缺乏統一定義條件下，究竟它與「現代主義」如何真正區隔？它是「現代主義」某些極端的變體，或是完全不同的新興文化？如何使這些彼此差異的思想與方式合理化？它絕不只發生在藝術領域，且往往跨越領域，相互借用，彼此借力使力，也彼此充滿矛盾與混淆等意涵，像滾雪球越滾越大一般。〔註23〕

三、就臺灣的現代化歷程，正如有現代學者認為並沒有完全現代化，上述的二分法其實僅是為了理論研究方便，而從人類藝術發展本身軌跡──創作先行，理論在後的歷史過程來看，如今實則不然，開放多元，相互滲透轉化，當代並無絕對的「後現代」，若只單獨論述之，無異以偏概全，因此，「現代」與「後現代」彼此關係不可切割，應該視為整個「大現代化」運動的前後相對演變，以作為通盤客觀解讀的文本材料。

〔註22〕　同註2，頁33。
〔註23〕　同註2，頁33、36。

第三章　臺灣當代水墨的經緯

第一節　「當代」的界定

「水墨」一詞具有實際通用的當代性。

歷史悠久的中國繪畫，因為在舊社會強調它的重要性，無可取代的傳統國粹文化地位而稱之為「國畫」，現代社會則比較客觀務實，通常以藝術創作所使用的材料媒介，稱之為「水墨」或是「水墨畫」。至今還有使用其他名稱，如「中國畫」、「彩墨（畫）」、「墨彩（畫）」等，或者依舊沿用「國畫」名稱。一般而言，由於這些名詞界定範圍過大或含糊不清，且各有所指，因此不如「水墨（畫）」（Ink-Painting）一詞顯得比較明確清楚，它已經在國際畫展或研討會上獲得普遍認同與通用。〔註1〕

至於本文所論述的「後現代」水墨，大多早已逾越了上述的概念，就如「複媒藝術」中的水墨只被視為「媒材形式」之一，並不全然也不必保有原先水墨「筆墨蘊涵」基準，只是出於借用或挪用之需要。就「後現代主義」本身「不確定性因素」而言，「後現代」之所以成為當前創作手法內容，無所不包，它顯然促使現代化運動越加活躍而多樣，善變難測，乃至於無所不用其極，以區隔「現代」藝術。從實際創作情況來看，這無異是多元開放時代的自然調適與轉變，當畫家將「後現代」與「水墨」結合運用時，放寬標準，不再拘泥於傳統與現代既有認知規範與條件。儘管如此，「後現代」即絕對地

〔註1〕　李鑄晉，〈水墨畫與現代水墨畫〉，同註2論文專輯，頁12。
　　　　　郎紹君，〈水墨畫：反省與展望（之二）〉，同註2論文專輯，頁318。

標示著當代水墨演變歷程的一種個人創作主張與立場。

「當代」在本文指涉「時間性」與「藝術性」雙重層次的意義。

學理上，界定「當代」只是相對稱呼，如指涉時空之「當代」，可以是「古代」、「近代」乃至「現代」與「後現代」的某個當下場域。如果指涉藝術之「當代」，通常即等同一般的「現代」或「前衛」作風。客觀而言，今日之所謂「當代」的實質範圍應指涉當下眼前，涵蓋「傳統」、「現代」與「後現代」相互交錯的時空與內容。〔註2〕因此，界定任何「當代」意義，處在臺灣「後現代」時空裡都只是一種特定、指涉的相對論述。好比抽象主義起初被視為非常「現代」，但是碰上「後現代」即解構了它的原意，「現代」即被推向為「傳統」之列，即是彼此之間相對論述的結果。今日為了強調「當代」，即是某一種「後現代」論述意義的反映與切片。

藝術以「當代」之名正在時髦當道，如火如荼，臺灣現實檯面上似乎被「後現代」思維所霸佔與擠壓。近年來，北、中、南三座公立美術館不少策展活動或論述，特別強調策展議題所設定的「當代意識」或「當代性」。依據筆者觀察：這類大型跨域活動因為具有其關懷與批判之藝術理由，不時被當成策略性的操作，以藝術介入政治、社會、性別與環保等。策展目的在藉「當代」之名激化並凸顯策展所批判議題的「正當性」，選擇藝術家或作風取向單一，以一種當代「論述」姿態自圓其說，製造新聞話題以引發關注，帶動異界交流，週邊效益等。這是眼前「當代」畫壇的寫照。顯然，當今「後現代」時代的美術館作品為議題而製作，有針對性而無客觀性，一切策展都在論述進行之中，拋出社會議題而非解決問題。〔註3〕臺灣「當代」藝術經常藉諸無所不能的「後現代」光環，其實並非全然相等，因為，「當代藝術」存在型態猶如後現代「不確定性」一樣難以捉摸，它總是不斷在現實中各自尋找論述立場與出口活路。

〔註2〕 郭繼生，《當代臺灣繪畫文選 1945～1990》，雄獅圖書股份有限公司，1991年9月，頁8。編者按：「當代」一詞是一個比較籠統的用語，它包括一般所稱的「現代主義」，但也包括「現代主義」出現以前的及最近二十年來的繪畫（含後現代）。時間上，以 1945 年臺灣光復至今是一個比較明確的現代化範圍。

《典藏・對話──演繹臺灣當代水墨》，高雄市立美術館，2015 年。書中高千惠專文界定 1949 年國民政府遷台之後為臺灣當代水墨之起點。

〔註3〕 北、中、南三座公立美術館不少策展名稱極其聳動視聽：2015 年國美館「造動」，後現代也。

「現代」與「後現代」前後是自由混雜且不可切割的，當深入探討「後現代」藝術意義，則涉及「大現代化」的演變內容作爲客觀對照與論述比較，因此，本文以「當代」臺灣水墨與「後現代」作爲研究，即必須從寬解讀「當代」，檢視「當代」藝術的背景原因，解讀「現代」才能貼近「後現代」，以穿透並釐清「現代」與「後現代」兩者對照的脈絡關係。

第二節　水墨現代化的「正統」與「美學」爭辯

中國現代水墨畫變革前期主要有三種類型──以「引西潤中」、「融合中西」與「借古開今」三種類型集中地表現其影響或成就獨特。三種類型之所以在近百年獲得發展，並不在於全面地包孕了中西傳統，或者全面地發揚了中國傳統，而是在於用現代的眼光，依現代化不同方面的需要，在兩大文化中的碰撞中，按照「求同」或「存異」的方向，對中西方傳統中有生命力的部份，加以選擇改造與變異。〔註4〕

回顧中國近代美術史，從晚清與民初以來，對傳統國畫的革新，大體以兩個大方向來進行。一則持「引西潤中」的觀點，主張吸收西畫的畫理畫法以改革國畫，如徐悲鴻、林風眠、劉海粟、嶺南三傑等等。與此較之，對傳統國畫之革新，另一則持「汲古潤今」的看法，主張繼承傳統國畫之精粹，在題材和技法上另闢新徑，如吳昌碩、齊白石、黃賓虹、傅抱石、黃君璧等人。〔註5〕

由以上兩岸美術學者薛永年與王秀雄二位相近的見解中，我們很清楚看出國民政府遷到臺灣之後的「現代化」水墨的變革，初期的演變主軸是接續中國原有的經驗，之後經歷半個世紀不同的社會變遷，而逐漸發展出不同的水墨藝術文化與面貌。如是，臺灣水墨現代化的「正統」與「美學」與中國的臍帶關係顯然淵源十分深厚。

從全球趨勢來看，似乎可以清楚地從 1960 年代以後的繪畫作品，閱讀出現代主義、後工業社會、後現代等思潮對於臺灣的深遠影響，

〔註4〕　薛永年，〈變古爲今，引西潤中──二十世紀現代中國水墨畫得的回顧與前瞻〉，《現代中國水墨畫學術研討會論文專輯》，臺灣省立美術館，1994 年 8 月，頁 35、42。

〔註5〕　王秀雄，〈戰後臺灣現代中國水墨畫發展的兩大方向之比較研究──劉國松、鄭善禧的藝術歷程與創造心探釋理〉，頁 99。

在老、中、青三代畫家並存的時代裡，發展出堅持傳統筆墨、中西融合與鄉土情懷等的多樣性的方向上作持續的努力。〔註6〕

「當代」臺灣水墨，文化上的實質內容與意涵，必須從臺灣「現代化」運動說起。一切影響「現代化」因素，主要來自於臺灣接受美國經濟支持的緣故，也幾乎等於接受美國文化輸入一般。原先臺灣尚有日據時代養成的一些臺灣籍的東洋畫家，「東洋畫」即當時的「日本畫」，臺灣省展後來稱之為「膠彩畫」——以林玉山（1906～2003）、陳進（1907～2008）、郭雪湖（1917～）、林之助（1917～2008）等人為代表，而隨著國民政府來台的一批傳統國畫家們，當然以中國文化正統自居——以黃君璧、馬壽華、溥心畬、梁又銘、孫多慈等人為代表。外省籍畫家強烈反對象徵日本精神的「東洋畫」與「國畫」平起平坐，彼此為了正名本身「正統國畫」地位，各自以臺灣省展評審為較量的舞臺，歷經長年紛紛擾擾的爭論，終於將省展「國畫」與「膠彩畫」劃分為兩部而相安無事，爭論才就此告一段落。長久爭論的主要原因，是彼此背後深沈複雜的省籍與民族意識蒙蔽了對藝術的客觀判斷。〔註7〕

這段被日後史家稱作「正統國畫之爭」的歷史，表面上看，是一次狹隘的省籍之爭，深入而論，則是一個代表不同文化理念下的美學之爭；但就整個中國繪畫發展的歷史看，這段爭論，仍可歸結為中國美術現代化的一次探索與討論。〔註8〕

另有當代學者進一步指出，「正統國畫論爭」是包含了一種複雜的、綜合的美學、藝術理論、國家與文化認同的問題，透過文化政治學的微觀操作而展現，乃是一個被編織出來，以回應各種來自國家大要求的一件故事。〔註9〕

〔註6〕 曾肅良，〈從現代風潮裡崛起的臺灣水墨藝術〉，《韻——臺灣當代水墨名家》，臺北：觀想，2005 年 10 月，頁 6。此策展由文化部文化交流中心與臺北觀想藝術中心合辦，於 2005 年秋天在中國美術館舉行。
　　　　按：作者論述水墨畫家的分類：「堅持中國傳統筆墨」的有李奇茂、周澄、李義弘、顏聖哲與熊宜中；「融會中西與日本」的有林章湖、袁金塔、白豐中、曾肅良；「臺灣鄉土風格的建立」的有江明賢。曾肅良，英國博物館學博士，臺灣師大美術史教授。

〔註7〕 廖新田，正統國畫事件年表，《藝術的張力：臺灣美術與文化政治學》，典藏雜誌，2010 年 6 月，頁 95。廖新田，台大社會學博士、英國中英格蘭博士，臺灣藝大藝術文化政策管理研究所長。

〔註8〕 蕭瓊瑞，〈現代水墨畫在臺灣的生成、開展與反省〉，同註 2 論文專輯，頁 158。

〔註9〕 同註 6，頁 94。

　　實際上，爭論平息的主要原因，是藝術理念中找出共同點，終於逐漸平和的結局。當初隨政府來台以正統自居的大陸籍國畫家，題材畫法大皆不離傳統作風，而其中大陸美術院校出身的畫家，在創作理念上，與東洋畫家描繪臺灣鄉土的強調「寫生」作風，這一點皆出自中原傳統「六法」，可謂一脈相傳，旨趣相通，在理念上逐漸產生交集而化解了爭端。彼時，曾經兩度留學日本兼擅膠彩與水墨的林玉山，針對當年這個爭議有感而發——鼓勵大家「不必計較質材、形式，應強調民族感情、時代意義與地方特色」。〔註10〕在意識對立、缺乏客觀論述的時空下，此一超然立場，可以作爲此後雙方在朝向「現代化」歷程共存共榮的一個註腳。

　　傳承至今的膠彩畫，因爲臺灣社會一波波現代化主義波濤洶湧，似乎已經融入思潮之中，因它本身材質媒介講究費工的問題，容易給其他流派方式介入與解構的機會，不可避免地被視爲一種當代藝術創作的「媒材」而被其他藝術所採用。因此，它處在今日臺灣藝術生態中被「挪用」、「混合」，角色開始模糊化，情況就像所有當代藝術的「後現代」現象一樣相似。現在，臺灣美展比賽的評審辦法中，水墨與膠彩畫已經不再截然劃分爲兩部，時而被視爲同一創作領域評比，即說明了在當前「後現代」風氣流行之際，當時「正統」與「美學」之爭已經消失，兩者之間相互融合創作形成一般常態。這也意謂膠彩畫背後的日本意識逐漸消退，它的定位被臺灣當代社會給予「在地化」的結果。

　　今日反思「正統國畫之爭」，臺灣社會卻又彌漫著一股「哈日」（盲目崇拜或複製日本流行文化）風潮。臺灣現實社會好像選擇遺忘一般，以往被日本統治過「殖民」的歷史年代，已經在日本傾其經濟行銷之能事，輸入作品成爲市場熱賣，臺灣當代青年爲「哈日」卡漫活動風靡，使水墨也受卡漫風的影響。無國界的「後現代」回頭顛覆過去的歷史，「後殖民」正在消除傳統價值而大量製造流行商品，滿足現狀。如今對照當年「正統國畫之爭」這段歷史，恍如隔世，時空顯得格外錯亂，今日陷於「後現代」、「後殖民」主義而轉換成爲一場「哈日」的現世媚劇，實在令人唏噓。當代臺灣受到全球化

〔註10〕　林玉山，〈省展四十年回顧展感言〉，《省展四十年回顧展》，頁7。
　　　　　林玉山，曾兩次留學日本：1926進川端玉章學校學習東洋畫（膠彩畫）；1935進京都堂本印象學習南畫（水墨畫），爲臺灣「日展三少年」之一，畫品與人品爲臺灣畫界至所推崇，是筆者就讀師大美術系與研究所時期之教授，主授花鳥走獸畫寫生與創作。

時代思潮影響由此可見一般。

第三節　水墨的「現代」與「反傳統」

　　一般談論臺灣當代的「現代化」水墨，無不以六〇年代的五月、東方畫會作爲關鍵指標。它之所以被藝術史家作爲指標，主要原因它在於當時社會文化思想的舊傳統中，高舉革新運動，凸顯出劃時代的創新意義，並推動往後水墨「現代化」在整個華人社會產生普遍的影響力。

　　「五月」與「東方」兩個畫會的現代藝術觀念乃是被稱爲「現代繪畫先驅」的李仲生（1912～1984）《論現代繪畫》的主張所影響。〔註11〕東方畫會成員都是出自李仲生畫室的學生，「東方畫會的觀念曾強調將中國的精神帶到一個現代的世界性語言裡，但是到後來反而走向西方風格較顯突的形式。」〔註12〕

　　「東方」與「五月」至今在美術史上，對現代藝術的影響已有許多討論與評價。不過，溯本清源，其賦予水墨「現代化」的時代生機仍然有它正面意義。本文主要探討水墨問題，故擬針對五月畫會與水墨現代化發展加以探討。

　　中央研究院院士、臺灣人類學家李亦園指出：

> 六〇年代臺灣文化界因爲受到社會結構複雜化變遷的影響，最重要的現象就是不能滿足界線內知識的貧乏，寂靜與宥現，而大陸母體文化遙不可及，所以只有寄望於接觸西方的新思潮。在六〇年代之中，無論在文化、思想、文學、藝術各方面，都以引進、探討當時西方新思潮爲風尚。例如在一般文化思想上，這種趨勢大致可以《文星雜誌》爲代表。〔註13〕

　　事實上，《文星雜誌》即是當時介紹西洋美術新思潮，並且推介東方與五

〔註11〕　郭繼生，《藝術史與藝術批評的探討》，歷史博物館，1996年9月，頁148。

〔註12〕　郭繼生，《當代臺灣繪畫文選1945～1990》，雄獅圖書股份有限公司，1991年9月，頁271。
東方畫會成立於1957年，由蕭勤、蕭明賢、吳昊、李元佳、夏陽、霍剛、歐陽文苑、陳道明等八人組成，於1971年解散。五月畫會成立於1957年五月，首屆五月畫展有劉國松、郭豫倫、郭東榮、李芳枝、陳景容、鄭瓊娟等六人。於1972年解散。

〔註13〕　李亦園，〈臺灣光復以來文化發展的經驗與評估〉，邢國強編，《華人地區發展經驗與中國前途》，臺北：國際關係研究中心，1988年，頁414～415。

月畫會畫家的主要文字陣地一。從臺灣社會發展史的角度來看，此種對美術
上的「現代」的追求，實在是六○年代臺灣文化的自然產物。1960 年代可說
是新起力量對保守畫風的大反撲，當時畫壇標榜現代化理想，畫會紛紛成立，
如雨後春筍一般，而「東方」與「五月」的興起正是被視為是六○年代文化
思想界混亂局面的體現。

　　談論畫風是否「現代」、「創新」或是「傳統」、「保守」，並沒有絕對客觀
的標準，而是相對比較之下，辯證風格的認知概念而已。至於畫風之歷史
定位與價值，與之新舊並無絕然對價關係，更需要從藝術相關專業角度深
入客觀研究。觀察六○年代藝術變動的局面，不得不注意美術教育本身所產
生的「相對」力量。當初所謂水墨「傳統」勢力也只是相對說法罷了，如
以黃君璧為代表，同時身兼臺灣師大藝術系（即美術系）國畫教授（當時
稱呼水墨為國畫），持續沿用原來大陸美術院校一套改革的水墨教學，提倡
「傳統（臨摹）→寫生→創作」的主張，漸進鍛鍊筆墨以達創作目的，這種
學院體制內美術系長期培養的大批新生代水墨創作人才，可謂儲備了臺灣水
墨「現代化」整體發展上的普遍基礎。〔註 14〕就此觀察，黃君璧所代表的學
院派溫和漸進水墨作風不無「現代化」意義，但從學院出身而反學院的「五
月」畫會主張，高舉「現代化」大纛，「前衛」作風先聲奪人，大張旗鼓的宣
示意味，刻意與「傳統」拉開距離，相形之下，學院派作風所代表的意義就
顯得「保守」，而被歸屬於傳統流派這一邊了。這顯然是兩相對照之下的說法
而已。

　　新興團體五月畫會，基本上都堅持「抽象」路線，標榜「現代化」水墨，
激起藝文界現代文學作家的聲援，如現代詩詩人余光中、瘂弦等人，但同時
也遭受當時主張學院派創作路線的水墨畫家的質疑與批判。畫會真正活動時
間僅短短十年左右光景，但是至今凡是涉及任何「現代化」水墨問題時，為
何它仍然受到關注而不斷加以討論？

　　五月畫會的成員以師大美術系校友為主，當時流行的美國紐約「抽象表
現主義」與趙無極「抒情抽象」的中國風起了決定性的影響，所以試圖結
合抽象語言，發揮水墨材質獨特效果，以確立「抽象－現代」的目標，開

〔註14〕黃冬富，〈戰後臺灣中等學校美術師資培育的主軸〉，《臺灣美術》，國立臺灣
　　　　美術館，第 83 期，2011 年 1 月，頁 54、64、66。黃冬富，屏東教育大學教
　　　　授兼副校長。
　　　　蕭瓊瑞《臺灣美術史研究論集》，頁 35、36。

創生機。與「東方」共通之處都在標榜自身的「現代」而與「傳統」相對立。基本上實行一種反偶像，反對不合乎「現代」潮流的傳統。〔註15〕「反傳統」揭竿新潮所趨的現代性，以及反應藝術的敏銳度是它受到關注的主要原因之一。

　　旅美中國美術史家李鑄晉（1920～2014）非常了解並支持這股臺灣新生的「現代水墨畫」——以劉國松為代表，提出「中國畫的現代化」口號，而出現的一種創新畫風。五月畫會的藝術追求，在當時風氣保守的臺灣畫壇上異軍突起，他們極力擺脫傳統國畫的支配，決心創造出一種屬於二十世紀中國繪畫的新傳統。〔註16〕外在受到專家學者的鼓舞肯定，與個人始終堅持創作奮鬥的歷程與成就，寫下了「反傳統」而邁向現代化水墨一途的積極作為。

第四節　現代水墨成為「後現代」的濫觴

　　五月畫會當時提倡的「現代」意義，對抗的是學院制式體制與老一輩傳統保守畫風，而他們本身又多是學院畢業，這顯然形成一種強烈的「對立」。當後人談論五月畫會，通常會注意這時期「對立」所促成藝壇發展與影響層面的多寡。

　　事實上，它被認為真正脫離了傳統具象「寫生」、「寫實」方式的束縛，免於社會外力的強大干涉。至少，注重紙墨材質與技巧嶄新拓展，個人心象展現出自主性與純粹性，某方面也能與畫論精神契合，這使得傳統水墨重新獲得一片生機。因此，被稱之為水墨繪畫在戰後臺灣發展最寶貴的「臺灣經驗」。〔註17〕

　　這個「臺灣經驗」，很顯然就是肯定現代思潮中「五月」前所未有的開創性「變革」意義。最為突出的是求新求變，跳脫傳統符號方式，從視覺經驗的審美角度出發，使紙墨材質本身「對話」，展現令人耳目一新的「筆墨趣味」

〔註15〕謝里法提到，「五月」也受到曾幼荷等畫風的啟發。見郭繼生，《當代臺灣繪畫文選 1945～1990》，雄獅圖書股份有限公司，1991 年 9 月，頁 247。

〔註16〕引自專文〈劉國松與現代水墨畫〉，李鑄晉，旅美藝術評論家，前美國堪薩斯大學榮譽教授。四、五十年代出國赴美的曾幼荷與陳其寬，也不約而同地在嘗試水墨的現代化。

〔註17〕蕭瓊瑞，《臺灣美術史研究論集》，伯亞出版事業有限公司，1991 年 2 月，頁 39。

的繪畫語言，至少締造一種現代新品味的水墨作風。

　　基於長久以來中國文化「中學為體，西學為用」的改革思維——「引西潤中」，「五月」堅持民族文化的主體意識，即使標榜現代主義，仍然放棄西方油畫方式而重視東方水墨媒材的精神意涵。「五月」的劉國松，都具有流亡來台學生背景，他們處在動亂年代裡，顛沛流離而淬礪成長的鬥志之下提倡「現代化」水墨畫，更猶如在民族「繼絕存亡」時刻一種護持文化的使命感。它們勇於挑戰傳統的膽識與智慧，以及對時代的影響，實自有其不可忽視的歷史意義。

　　但是，本身是五月畫會成員也是藝術史論家身份的謝里法（1938～），則持不同見解。他曾評析「東方」與「五月」畫會兩條「水墨畫」發展的路線——前者是將「水墨畫」當成自我反省和考驗的手段，作為再出發的起點，它的意義代表臺灣美術往前推進時所必然產生的後挫力。後者是急切地欲將中國的水墨畫合西方的繪畫形式作一大結合，只因不明究理其中的關鍵問題，而造成了自我迷失的悲劇性結局。

　　謝里法同時提出嚴正的批評，他認為解散之後的「水墨畫」，「向國際藝壇進軍」因而建立了國內畫壇的地位，這一切可說是一種機緣與幻覺。西方文化支配之下，是洋人影響國人內外交織誤解的結果，認為是「反面教材」。這導致「現代化」水墨多走了一大段多餘的路。其中原因在於洋人誤把「水墨畫」當成中國繪畫主流地位的文人畫發展到現代的所應有的面貌——「中國之現代」。因為他們無視於中國文人畫的發展，也無視於社會群眾意識的轉變，卻誤認褪了色的文人意識的「水墨畫」。〔註18〕

　　謝里法本身是五月畫會成員，這些看法算是最近距離的觀察，他說「造成了自我迷失的悲劇性結局」，言下之意，即指「東方」與「五月」在方向判斷出了問題，導致畫會無法避免即起即滅的結束命運。

　　然而，當我們審視他所說的「方向判斷」問題，與洋人誤解「現代」水墨的關係，似乎只是兩者文化角度「解讀」不同罷了。因為講求「現代化」，藝術家自主意識隨之高漲，任何創作方向判斷屬於個人選擇，而畫會為理想揭竿而起的團體結社方式，終究是無法成全個人本身的創作追求，自然會消退。何況，當時外在環境，臺灣政局尚處於未定階段，且美國強勢影響的情勢下，飽受島內保守勢力抨擊，導致藝術家選擇出走國外，尋找個人開

〔註18〕 郭繼生，《當代臺灣繪畫文選 1945～1990》，頁 250～251。

創天地，可說是形勢使然。對於出走國外的藝術家，他們當時強烈渴望自己現代藝術獲得認同，也同時爲了爭取「文化身份」上的認同而不得不自我奮鬥。

值得注意的是，儘管兩人「史觀」立場確是不同——謝里法質疑五月水墨畫「方向迷失」，而蕭瓊瑞對於其開發媒材語言美感則肯定它的「臺灣經驗」，雖然彼此觀點判斷不同，但是文章背後都提及臺灣藝術與社會人文變遷的問題，儼然七〇年代文藝界即將吹起的「本土意識」風向，彼時似已呼之欲出。

雖然討論臺灣水墨現代化演變，無法跳過六〇年代「五月」的歷史話題，而後來有論者認爲臺灣六〇年代的水墨現代畫運動是「新瓶裝舊酒」，因爲「用新的語言來表現過去光榮的傳統」，固可收視覺語言效果，但在心態上仍是一種非真實生命經驗的假像。〔註19〕所謂「真實生命經驗」指的正是水墨現代畫運動價值體系的立足點。當認識到「西方不等於現代」，必然要重新審視自身社會文化與時代脈絡中謀求解決之道。這種審視，無疑指向藝術家自身所處的現實社會環境等問題，以探尋「真實生命經驗」，無形中爲接踵而來的「本土意識」加溫。

衡諸現代化水墨的真正理想目標，臺灣六〇年代這一波成就雖然有其不足之處，但是它開現代化風氣之先，其「抽象水墨」新的種苗開始在臺灣土地上生長，這種嘗試融合西方現代藝術，「他山之石，可以攻錯」的時代意識，同時並爲後來的「後現代主義」創作者鋪路。〔註20〕

審視臺灣美術發展的歷史軌跡，「五月」受到西方抽象主義影響而標榜「現代」水墨作風，猶如臺灣早期西畫家留學日本所輾轉學到的西方印象派作風，或許時空環境使之不得不然，兩者同樣「依附」於西方藝術思維，總是缺少藝術本身的「主體」文化意識與內容。而「正統」國畫之爭，則又出現同樣癥結，各執一詞——若是國畫傳承大陸的是代表對岸的中國文化，而日據時代遺留的寫實膠彩畫是代表日本文化，何者能代表臺灣文化的「正統」？

此一問題關鍵之處是，藝術本身爲何始終需要文化的「主體意識」？而

〔註19〕 程延平，〈通過東方、五月的足跡——重看中國現代繪畫的幾個問題〉，郭繼生，《當代臺灣繪畫文選 1945～1990》，頁 272～273。

〔註20〕 郭繼生，《藝術史與藝術批評的探討》，歷史博物館，1996 年 9 月，頁 154。

它的「主體意識」眞實意義究竟爲何？這在臺灣美術發展過程中不時翻騰，出現不同解讀，無疑已逐漸擴大成爲臺灣當代各種藝術流風關注的議題了。

評者認爲，「東方」、「五月」其實並不理解西方現代思潮的眞正意義——而從中西雙方文化交流角度觀察，當時出現藝術手法「挪用」或「誤解」，本是屬於探求過程無可避免的現象，也不是對錯問題。如今回頭看來，它何嘗不無涉及「後現代」涵義？或許我們可以說，當時臺灣社會的本質上逐漸進入「後現代」領域之中，而整體社會尚無法覺察並正視到它實質存在的「後現代主義」的理論意義。從這個事實來看，「東方」、「五月」當初即不可能以「後現代」先知者自居，去辯解水墨「抽象形式」在社會上引發的疑慮與對立。

當時，對於外來「現代」藝術的理論脈絡，各自解讀，此現實條件所限使之然也，而導致他們游離了當時臺灣社會風氣與學院體制，長久失去從這塊文化土壤紮根經營的時機，無怪乎多走了一段迂迴的路了。而今，隨著藝術氣候越加自由開放，對西方思潮的解讀就越加廣泛而深入，高度現代化之際，「西方－抽象－現代」的思維已非開拓「現代化」唯一答案，「東方」、「五月」本身反而成爲年輕世代藝術觀念中的創作材料與歷史線索。如今，它逐漸匯入學院派培養的現代創作資源與方向，影響了臺灣整體「大現代化」的水墨型態。一切筆路藍縷的「現代」水墨歷程於是成爲「後現代」的濫觴。

第五節　「傳統」也是「後現代」元素

水墨的大現代化運動——「現代」與「後現代」無不針對「傳統」而言，但是「傳統」本身從來不是水墨歷史的原罪，尤其，傳統文化仍是人類圖謀生存發展的根本。只因時局遽變，經常被人類所忽視與遺忘。後現代主義既是批判傳統「藝術語言」，企圖以「去中心」、「去法則」等手法顛覆或解構，又不得不借助於傳統「藝術語言」，去表達它本質上不可言說和不可表達的創作涵義，顯示後現代主義本身與傳統在邏輯上極爲矛盾的狀態。

> 從「後現代主義」同傳統文化的相互關係的複雜性來看，「後現代主義」當然竭力批判一切傳統因素，同傳統勢不兩立，但是作爲一種社會歷史的存在，「後現代主義」又無法逃脫傳統的陰影。「後現代主義」同傳統的這種複雜關係，一方面顯示了分析和說明「後

現代主義」的難點，另一方面也向我們提供了許多對待傳統的有益
啟示。〔註21〕

　　就歷史觀之，國民政府遷台同時也意謂中國傳統文化在臺灣重新獲得正
式的地位。由於臺灣自身殖民歷史與海島型態的寬容性格等因素，在畫壇正
統國畫的爭辯激盪之餘，一旦西方世界的現代思想輸入，藝術家企圖新變的
思維便開始萌芽，重新尋找活路，帶動著臺灣文化藝術的現代發展。在追求
「現代化」的大前提之下，臺灣積極經濟建設與重視教育文化層面顯現績效，
尤其「學院派」教育積累成效，逐步地為開拓水墨現代化之路，鋪墊了有利
的發展契機，助藝術「現代化」一臂之力。

　　時下，一般稱呼屬於美術院校體系的藝術作風為「學院派」，否則稱之為
「非學院派」。〔註22〕

　　如今回顧，當時隨著國民政府來台的學院派水墨畫家，其中大陸美術院
校出身的畫家，有的仍投身於學院美術教育工作，繼續革新方式培育創作人
才，如黃君璧（1898〜1991）於1949年進入臺灣師大藝術系擔任系主任；傅
狷夫（1910〜2007）於1962年，即擔任由杭州藝專來台校友發起而成立的臺
灣藝專教席，與臺中教育大學的呂佛庭（1911〜2005）等，逐年培養臺灣後起
水墨畫家，使臺灣學院派培養的新一代畫家不斷增加。另一方面，以「傳統
文人」水墨畫家居多，不少位居要津者，如馬壽華（1893〜1977，法官、財
政廳長）、彭醇士（1896〜1977，立法委員）、鄭曼卿（1902〜1975，國大代
表）、葉公超（1904〜1981，外交官）、劉延濤（1908〜2001，監察委員）、姚
夢谷（1912〜1993，國大代表）；以及馬紹文（1894〜1968）、陳定山（1897
〜1987）、張穀年（1905〜1987）、高逸鴻（1908〜1982）、沈耀初（1908〜
1990）、金勤伯（1910〜1998）、張光賓（1915〜）等名家眾多，不勝枚舉。
其中畫家志同道合地組成以文會友聯誼性質的畫會，先後出現如「中國畫
苑」、「七友畫會」、「八朋畫會」等民間組織，而論其藝術，則各具深厚文人
涵養的畫風，自標格高清雅。因為畫會本身屬民間組織性質以及畫家老成凋
謝，最終多半無疾而終。雖然，這批前輩老畫家無法與學院派體制匹敵，也
不具引領「現代化」風潮的直接力量，但是傳承中原水墨文化底蘊方面，在

〔註21〕同註3，頁12。

〔註22〕「學院派」亦稱「學院主義」。參見謝東山，《臺灣美術批評史》，南天書局，
　　　　2005年。

　　　　按：近百年來中國美術高校也展現了相同的功能，參考註2，頁34。

學院體制現實之外的民間社會仍然具有潛在的影響力。

　　當代史家也難免以風格「進步論」的觀點指出：若這一類文雅而保守的「傳統文人」畫風只能沿襲舊習，或仿造臨古，或不圖創新，因此被視爲當代的「骨董」現象，即不足爲論了。〔註23〕即使在「復興中華文化」保護傘下傳承了文化底蘊，但在當代創新抬頭的風氣之下，缺乏新世代「時代精神」的重新鑄造，終究趨於式微。這同時說明臺灣社會「現代化」風潮已經來臨，從學院調教而來的現代思想導向取而代之，檯面上聲勢日益擴大，逐漸形成水墨界主導力量。

　　若從「後現代」解構手法來看，傳統文人畫本身的「藝術語言」將成爲它借用、拼湊的元素。所謂極端現代化的「後現代」，對於傳統即擁有它自由的超越歷史，混合了傳統與現代的時間「交錯性」。

　　　　後現代主義者反對傳統歷史觀和各種歷史主義，但他們卻很關心人

　　　　類歷史，並對歷史重新進行研究和探討，對歷史進行「解構」和再

　　　　評估。〔註24〕

　　從當代創作來看，傳統美術觀點往往是後現代「去中心」所要破壞、顛覆者，但是它仍具有歷史存在的「原型」作用，文人畫固然因爲過於保守而失去當代活力的場域，但不能因此以偏概全，否定它重新被視爲「現代化」藝術語言的翻轉機會。「後現代」反文人畫傳統而生的「後文人畫」，絕不在於表面形式符號直接破解與取代，實質意義乃在於創作理念如何與傳統對話或辯證。我們必須理解——「對歷史重新進行探討」，即傳統歷史的人文藝術底蘊仍是一種不變的價值，是如何因應時代精神的評估與實踐作爲判斷。〔註25〕

　　進一步審視，東西方文化理念導致創作上的差異性，如西方藝術種類涇渭分明，而東方水墨畫注重文人思想之故，自古如詩、書、印，乃至琴、棋、醫術、天文等文人本事，無不融入繪畫主題，而成爲一種綜合手法的藝術形式，此文人畫之「跨界」特徵，亦符合「後現代主義」的界定涵義，何嘗不可稱之爲「後現代」藝術。再就藝術觀念表現而言，中國歷史上「超現實」

〔註23〕蕭瓊瑞，《臺灣美術史研究論集》，伯亞出版事業有限公司，1991年2月，頁39。

〔註24〕同註3，頁23。

〔註25〕張光賓，《得意忘形——談中國畫的變》，臺北，《故宮學術季刊》，第3期第1卷，民國74秋季，頁15～30。

或「抽象」方式的時間要早於西方，儘管衡量歷史文明進程上東西方論述各有不同說法，文化思想始終存在的差異性，使得個中意義難以道盡。時空轉換，史上水墨畫的「後現代」內涵語境畢竟與今日不同，如何發展的關鍵環節，仍須就水墨本身藝術文化立場回歸當下的時代精神。

概言之，水墨面臨當代的挑戰，風格創新的判讀標準已逐漸鬆綁，「新」與「舊」進入到現代化價值觀重新論證的局面，「後現代」只是作爲當代創作解套手段之一，並非唯一的目的。當代傳統文化價值正需要客觀的論述與對待。任何標榜人文底蘊的水墨創作態度的觀點，至今仍是大多數論者與畫家所認同。美術史上「傳統」繪畫本身即具有「反俗」內在眞實的前衛精神，比之當代，並不遜色，亦不必妄自菲薄。〔註 26〕今人不必陷於「後現代」表面上的「反傳統」，「傳統」也是「後現代」元素——開放視野，重新解讀，作爲「個人」創作與「時代」對話的當代參考途徑之一。當代水墨文化精神與價值的建立，無不需要透過現實社會中的各種議題，融古今之變，通過考驗，才能再造藝術的實質內容。

〔註 26〕 石守謙，《從風格到畫意——反思中國美術史》，臺北：石頭出版社，2010 年，頁 56。

筆者按：當代評論文人畫爲落伍八股，這些簡化二分法過於片面粗糙，缺乏美術史論的客觀認知，或根本誤解文人畫派本身筆墨涵義所致。至少需要依據史觀論證以釐清文人畫「傳統」與「現代」或「新」與「舊」之間的眞實差異。

第四章　當代臺灣水墨的風格形塑

第一節　本土運動的興起

> 二十世紀是個人的世紀，現代是個體的解放，現代風格是解放以後
> 的個體走向個人視覺語言的直覺呈現。它的泉源是默契，心的披露，
> 隱密的交換，正是與集體疆域對立的私我的心源／心園。〔註1〕

　　相對於七○年代臺灣「本土意識」藝術思潮，六○年代興起的「現代化」抽象水墨運動並未能全面展開，即起即落，但是效應已散播開來，自成一條現代美術的伏流，影響臺灣水墨某方面的發展。而學院派水墨形成社會體制化的主掌力量，才是這波本土運動扮演的主要角色。〔註2〕彷彿「現代化」非得經過本土運動文化本質上的洗禮，無以調整它外來現代思維在臺灣土壤的適應體質。何況，在解放的年代裡，個人直覺視覺語言的覺醒自主，早已不是哪一種革新主張或風格所能獨當一面的。

　　本土意識的核心是民族文化意識，它是一個動態的、不斷建構的文化觀念，由本土民族生活地域的獨特性和差異性形成，同時也可以抵禦其他文化的衝擊，維護本身文化的正統性。七○年代，臺灣文藝界興起一波本土意識形態的爭辯與交戰，由文學燃燒到藝術，一場本土運動於焉展開。現代水墨在這一場本土運動中也不遑多讓。歷史焦點在 1973 年，臺灣退出聯合國，接連外交挫折，承受國際地位孤立的壓力，於是臺灣自求「莊敬自強」，政府轉

〔註1〕 李渝，《族群意識與卓越風格》，雄獅美術，2001 年 10 月，頁 15。
〔註2〕 蕭瓊瑞，《臺灣美術史研究論集》，伯亞出版事業有限公司，1991 年 2 月。

而更加積極投入十大建設。美術界受到美國畫家魏斯（Andrew Wyeth，1917～2009）極端寫實風格與照相寫實主義的影響，借鏡其寫實技巧。許多藝術家此時從憧憬大陸情懷中回神過來，並開始正視臺灣這塊腳下的生活土地，認真投入「鄉土」題材描繪，以「寫實」作風來回應當時臺灣的處境與氛圍。〔註3〕所謂鄉土題材，大多以臺灣農村生活百態、民間古蹟建築、節慶風俗民情等景象為主。水墨畫家相信細心刻劃那些舊社會純樸的題材，喚起懷舊情愫，即能標榜「本土藝術」氣息，企圖重新賦予時代意涵。

本土運動中，學院派出身的水墨畫家最能勝任，他們依循「傳統（臨摹為主）→寫生→創作」學院所訓練的創作路線，加上「素描」的基本功掌握寫生「寫實」細膩效果。這種寫生路線與前輩水墨畫家注重「傳統筆墨」相互為用，而在風格上鮮明的人間現實感，貼近鄉土品味的視覺審美，顯得真實親切而更具有感染力；而這一類風格因為普遍被認為具有臺灣「現代」的時空意涵，才是真正代表本土樣式風格的「臺灣水墨」，同時可以作為區隔中國傳統水墨不同的歷史意義。這個現象背後，即是有識者所謂：臺灣處於內憂外患，圖謀自強的現時局勢下，一股文化主體意識的覺醒，試圖從社會藝術創作中找尋它的出路與定位。

這一點，無異添補了學者專家在批評「東方」、「五月」現代水墨不足之處的論點──「東方」、「五月」主張為「現代」而以「抽象」形式為形式的路子，忽略了現實人間與社會環境的命題。換言之，本土作風的「臺灣水墨」的誕生，及時填補了學者專家口中臺灣水墨該有的「現代」文化本質上的意義。〔註4〕

如果這種描繪本土題材而被統稱為「臺灣水墨」，則這種作風早在臺灣出現過。其實，大陸來台的老畫家們，如黃君璧、張大千、傅狷夫、呂佛庭、江兆申等人，久居臺灣之後，使得「他鄉變故鄉」，雖持續原來「懷鄉大陸」畫風〔註5〕，也將臺灣本地的名勝景觀，寫生入畫，因為「寫生」比起以往傳

〔註3〕 郭繼生，〈臺灣藝術本土論述的再思考〉，《藝術史與藝術批評的探討》，臺北：歷史博物館，1996年9月，頁255。

〔註4〕 謝里法、呂清夫、蕭瓊瑞、程延平、陳來興等人觀點，郭繼生，《當代臺灣繪畫文選1945～1990》；席德進用語，見《1981席德進畫集》，1980年8月病中錄言。

〔註5〕 王耀庭，〈懷鄉大陸與臺灣山水〉，見郭繼生，《當代臺灣繪畫文選1945～1990》，頁351。

統作風更具有清新寫實的視覺美感，更易使人接受而雅俗共賞。老一輩如此寫生所呈現的「新意」很自然地影響年輕一輩畫家，而屢屢於公開美展獲獎，遂蔚爲水墨界流行的一種現代風格。當時，不少畫家即據此風潮而嶄露頭角的，如出身臺灣師大的鄭善禧（圖一）、梁秀中、羅芳、江明賢、林昌德（圖二）等，與出身臺灣藝大的蘇峰男、蔡友、羅振賢、張伸熙、黃才松（圖三）等人皆是代表畫家，且擔任大學教授之職，充分發揮影響力，誠然開創一片清新氣象，若是直呼爲「臺灣水墨」亦不爲過。這個「招牌」作風

圖一

鄭善禧，〈假日閒情〉，設色紙本，69×136cm，1983。

圖二

林昌德，〈灘頭的故事〉，設色紙本，60×126cm，1977。

代代相傳，至今仍然不時在各級美展比賽
或畫會中出現，流傳最廣，這種風格顯然
代表臺灣當代水墨普遍趨勢之一。

　　另外，雖然創作出身背景各自不同的
前輩畫家，生長於斯，創作意識或取材上
多少也受到這個盛行的「臺灣水墨」風潮
所影響，可資代表者，如杭州藝專畢業，
鍾情於民間藝術風物與水墨寫生的席德進
（1923～1981）；大陸煙臺師範畢業，來台
工作四十年之後重拾畫筆，擅以渴筆細密
山水寫生的夏一夫（1925～）；政工幹校出
身，擅長人物寫生而名聞兩岸的李奇茂
（1925～）；香港來台，擔任文化大學教
席，傳授嶺南畫風的歐豪年（1935～）；再
如稍後的南投書畫家李轂摩（1941～）等
人，涉獵寫生以創作，順理成章。如此，
畫家鄉土寫生陣容可謂陣容浩大。

　　探究其興盛原因，固然它藝術風氣正
在流行，雅俗共賞之故，而其中主要因素
則在各級美展的評審機制問題──評審委
員以學院教授居多，得獎者多是學院出

圖三

黃才松，〈風沙起兮〉，設色紙本，
137×69cm，2005。

身，似乎呈現一種封閉的遊戲規則的結果。在現代化前提下，不免令人質疑
此一「臺灣水墨」是否具有真正代表性？而真正「本土」作風意義又如何定
位？此現象延宕到九〇年代，引發一陣檢視與討論。從整個時代思潮觀察，
問題可能不在於討論「本土」主題表象上，而是思想上，現代多元化價值觀
的時代來臨，任何單一風格或主義實在無法滿足個人創思與社會多元開放的
品味取捨。

　　就事實而言，受制於外在客觀環境刺激而產生的「鄉土藝術」，並非是一
項有計劃的整體社會文化活動，其本身少了時代深刻自省的思維與目標，當
它始終離不開懷舊鄉土題材的「表象」時，無形中就侷限它表達「現代」的
不同新意與詮釋的機會。藝術之所以為藝術，關鍵在於「無概念性」，一旦著

相，即悖離本相真實意義了。

　　依照霍米巴巴（Homi K. Bhabha，1949～）的看法，所謂民族文化屬性根本只是個「神話」。〔註6〕「臺灣是一『混合文化的社會』，前後被西班牙、荷蘭、日本、中華民國國民黨統治過，更有山地原住民與和漢人同住在此島上，所以從料理、建築、宗教、習俗與語言上，都可見到這種『混合文化』的現象。」〔註7〕國際上，臺灣長久以來一直被視為邊陲，經常淪為邊緣地帶的論述位置，這些矛盾而多重的身分及社會條件導致臺灣的「後現代」與「後殖民」情景顯得格外複雜。〔註8〕因此，談到何謂真正「臺灣」或「本土」屬性的問題，便是非常複雜與不確定的議題，至今依然存在。

> 　　從社會文化角度來研究藝術史，可將藝術品視為反映景物的一面鏡子，欣賞其「重現」，進一步研究其「再現」一種社會或文化實踐的價值。「再現」並非如鏡子只反映物件的表象而已，是經由人為方式的再造。「再現」即指呈現某種非肉眼所見的社會力量與實踐，它包括了有如對階級、性別、種族等問題的表達方式。〔註9〕

　　所以，訴求社會文化的時代精神——「臺灣」與「本土」命題，若意識形態自限於單一片面的形式化，當「本土」面對「現代」種種挑戰，迎向「現代意識」社會進步逐漸活絡之際，尤其在披露「再現」力量與實踐意義方面，自然將被混合文化體質下的多元詮釋方式所輕易瓦解或取代。

　　再說，回溯「東方」、「五月」畫會的藝術主張，卻是未曾把社會文化問題當作一面鏡子，以至於引起許多專家學者的批評。這種批評不單指水墨有此現象，其他領域也有片面模仿西方的作法，同樣遭受質疑。國際風雲變化使臺灣社會有了「本土」水墨風格，筆者認為它的實質意義，不一定催生了臺灣水墨歷史的「典型」，而透過臺灣本土意識，藝術創作該如何體認社會文化癥結，當成解讀「現代」水墨的內涵價值或經驗法則。

〔註6〕　霍米巴巴，哈佛大學英美文學與語言講座教授，著名後殖民主義理論家。Homi K. Bhabha, Signs Taken for Wonders, "The Location of Culture", New York: Routledge, 1994, p.114.

〔註7〕　王秀雄，〈後殖民與後現代的台灣美術〉，收錄於《後殖民與後現代》，臺北：財團法人台灣美術院文化基金會，2012年5月，頁7。

〔註8〕　廖炳惠，〈臺灣：後現代或後殖民？〉，《書寫臺灣》，麥田出版，2000年4月，頁94。

〔註9〕　郭繼生，〈臺灣藝術本土論述的再思考〉，《藝術史與藝術批評的探討》，臺北：歷史博物館，1996年9月，頁256。

　　歷史總是不斷重演，前事不忘，後事之師。五〇年代點燃的「正統國畫之爭」──傳統水墨與膠彩畫長期爭辯的，無非就是能否代表臺灣「文化身份」的認證問題。到了七〇年代，本土運動時期引發的癥結問題也極爲相似，只是同一塊土地背景上，重新換個時空論述罷了。臺灣固然是一個混合文化的社會，而來自於中國文化歷史淵源關係，面對當代日新月異思潮，這文化歷史的悠久深厚乃是反思與創新的後盾力量，它的重要性，絕非三言兩語所能道盡。臺灣混合屬性文化的自身發展中，大現代化之下「後現代」因素是潛在而重要的成份。這成爲本文探討「後現代」思想命題的原因。

　　探討藝術主體意識似乎成爲「當代」的顯學，這不啻預示現代化藝術思潮「文化身份」的認證問題，將在「自主」與「自由」擺盪間一再出現，同時形成臺灣社會普遍關注的中心議題。這甚至已涉及到日後「後現代」作風的思維辯證與因果關係。一旦社會民主自由風氣彌漫，這場有如論證法統般的「文化身份」問題還會一直持續下去。

　　談到「文化身份」的問題，還須注意，不可忽視藝術的現實環境的問題。當臺灣面對世界情勢愈加開放，隨之而來的「國際化」趨勢，不得不教「本土化」發展重新自省與調整，尤其，「國際化」帶來更多自由化多元化的思潮，對藝術家的衝擊顯而易見，兩者之間如何折衝樽俎，無不考驗藝術家的思辨與應對之道──如何建構個人當代創作思維與獨特風格。

第二節　臺灣解嚴：區隔「現代」與「後現代」的座標

　　史有明鑒，歷來藝術總是脫離不了「政治」現實運作的影響。

　　1987 臺灣當局宣布解除「戒嚴令」（簡稱「解嚴」），社會歷經了三十八年「戒嚴時期」，回歸憲法所保障之人民的言論、出版、集會、結社等基本人權。這個劃時代的轉變，真正使得整個社會文化藝術創作思想風氣獲得全面自由開放，因爲此一「天時」機會更加適合顛覆性格的「後現代」主義思潮，推波助瀾而造成一股藝術風氣。此一時間上的關鍵年代，顯然可以作爲區隔「現代」與「後現代」兩者之間的一個時代座標。〔註10〕

〔註10〕許多臺灣當代藝術的主題策劃展覽，企圖梳理臺灣當代藝術創作主軸，篩選
　　　　作品無不以「解嚴」爲斷代，確立了臺灣當代藝術以「解嚴」劃分斷代的論
　　　　述。這些展覽包括：陸蓉之 1999 年策展〈複數元的視野：臺灣當代美術 1988
　　　　～1999〉、臺北市立美術館 2004 年〈正言世代：臺灣當代視覺文化〉、國立臺

　　進程上，若以臺灣藝術現代化進程視之，解嚴之前可比是藝術的「現代」階段，而解嚴之後就是真正釋放自由的「後現代」，同時完全進入「現代」與「後現代」多元混雜、百家爭鳴的階段了。

　　「解嚴」不僅僅是政府威權統治力量的削弱，真正回歸民主運作的開始，更意謂了臺灣經濟、社會、文化藝術等方面，原本「定於一尊」的制式觀念價值隨之「解構」於無形，讓各行各業展現出前所未見的民間活力與能量。尤其，經濟高度繁榮的現實條件下，開始鼓勵新藝術型態的嘗試，回顧歷史文化生態的再省思等藝文活動如雨後春筍般，比比皆是，整個社會藝文邁向多方位發展的盛況。

　　此時藝術脫離了戒嚴時代政治正確性的束縛，解除一切桎梏之下，與「解嚴」同步立法的政黨監督制度，政治民主化運作之下，社會百態，驚爆新聞，無形中成為藝術家熱門的創作素材與議題——藝術家被允許對臺灣任何歷史、人物或事件，採取個人主張或權益而加以「解讀」或「解構」，且理性對待「逆向」的藝術操作手法。「解嚴」之後，藝術創作天地無限寬廣，觀念型態改變了，似乎一切標準重新洗牌了。〔註11〕

　　「解嚴」對臺灣百姓而言，最大的意義就是解除了人們心中戒嚴時期「白色恐怖」政治迫害的陰影。尤其對藝術家而言，無異解除了以往的政治禁忌，獲得了創作完全自由的權利與保障，得以針對戒嚴而發的主題製作，影射政治統治下民心苦悶，被視為代表了現代「抗議藝術」中具有政治色彩的象徵意義。〔註12〕

　　西方「後現代」改造運動，在臺灣現代自由風氣無限擴張之下，「後現代」已與「現代」難以分辨了彼此面貌或界線。君不見時下開放的現狀——街頭示威遊行靜坐，爭取權益；為政者變裝卡漫人物，隨俗親民；科技虛擬世界煽情惑眾，行銷產品；食衣創新標榜另類，復古混搭等等的流行風，真是不

灣美術館 2006 年〈臺灣當代藝術特展——巨視・微觀・多重鏡反〉，以及胡
　　　永芬 2007 年策展〈後解嚴與後八九：兩岸當代美術對照〉等。由此可證。
〔註11〕郭繼生編選，劉昌漢，〈本土化與國際化——林惺嶽、鄭勝天對談兩岸藝術〉，
　　　《臺灣視覺文化》，藝術家出版社，1995 年 5 月，頁 273。
〔註12〕西畫家吳天章作品〈蔣經國的五個時期〉刻意以大幅肖像為圖騰象徵各時
　　　期的「小蔣（民間稱呼蔣經國）時代」，作品已列為臺北市美術館典藏。
　　　同註2，參考郭繼生《當代臺灣繪畫文選 1945～1990》，頁 289；見李渝，〈抗
　　　議的和不抗議的藝術家〉，《族群意識與卓越風格》，雄獅美術，2001 年 10 月，
　　　頁 68。

勝枚舉。這些不按牌理的怪異行徑，新聞不斷發酵，無不顯示了當前社會的後現代景象。

另一方面，這時期政策開放，藝術體制與人力、物力運作條件不斷地投注文化建設方面，加速加溫。政府當局推動現代經濟成果，民生富裕之後，爲提升高端藝術發展亦必須朝向「現代化」目標作規劃，以趕上世界潮流。因此，整體社會上「後現代」發展除了「天時」還有了「地利人和」的時空條件全面配合。

一、全面建設文化硬體條件

七〇到八〇年代是臺灣經濟景氣最好的時期，當局爲提升全民藝術水準，硬體建設方面，均於每個縣市設立文化中心、社教館等設施。重要的是，籌建臺灣北、中、南美術館：1983 年臺北市立美術館、1988 年臺灣省立美術館、1994 年高雄市立美術館成立，並以推廣現代藝術爲主要目標。特別引進許多國際大型展覽，包括美國、德國、日本、韓國、義大利、西班牙、南美洲等各國不同藝術類型眞跡原作以及圖文資訊等。尤其，同步直面國外藝術名家與傑作，光環加持之下，加速仿效與學習國外來的現代前衛作風。

當時，臺灣三所藝術大學前後成立——1982 年國立藝術學院設立於臺北市北投區關渡，2001 年改制爲國立臺北藝術大學；原 1955 年設立的國立臺灣藝專（今新北市板橋區），1985 年改制爲國立臺灣藝術學院，2001 年改制爲國立臺灣藝術大學；1996 年國立台南藝術學院成立於台南縣官田鄉（今台南市官田區），2004 年改制爲國立台南藝術大學。如今，這三所藝術大學即成爲臺灣現代藝術發展的學術重鎭，造就許多新生代檯面上創作活躍的重要藝術家。另外，全省美術相關科系的師範學院也紛紛改制爲教育大學，改善美術師資與設備，與時俱進。

二、提升當代藝術師資與教學

藝術、教育大學與一般大學美術系公開增聘不少國外學成歸國的年輕世代藝術理論博士師資，將嶄新的當代西方藝術創作型態與學術觀念帶回臺灣，特別在傳播西方「現代主義」、「後現代主義」扮演極爲關鍵的推手角色。這批師資大多數進入高等藝術學府任教，如國立臺北藝術大學、國立臺灣藝術大學與國立台南藝術大學等，發揮所長，引介西方藝術理論著作等，

企圖開拓學院派當代「創作」與「理論」對話的新局，其影響當代甚爲深遠。二、三十年下來，這批專家已成現代藝術界理論的領軍人物，掌控最前衛藝術發言、策展與論述平台的權威位置，他們極具影響力，毋庸置疑，這股學院派力道直接催化 E 世代年輕學子追求「後現代」作風，如星火之燎原。〔註 13〕

三、建立藝術與社會常態化運作

　　公私立美術館、展演替代空間、文化藝術基金會等尋求正常體制化運作，公開舉辦美術雙年展、美術獎、策展評論與研討會或座談會等活動。官方挹注文化創意產業建設，使藝術發展與民眾、市場諸多方面同等重視，臺灣當代藝術與社會現實文化結合，而更加全面多元化，導向一種「藝術即生活」的大眾化狀態。例如：臺灣美術館主辦的「青年藝術家作品購藏計畫」已走過第一個十年，計畫的重要目的在於培育優秀的新一代藝術創作人才，藉由實質的收藏，鼓勵藝術創作，期望成爲引領年輕朋友持續創作的動力，並藉由對臺灣當代藝術發展的推廣，引介青年藝術作品風貌，活絡藝術市場。臺北市立美術館舉辦「臺北獎」，與高雄市立美術館舉辦「高雄獎」分跨南北，無不是青年藝術家磨拳擦掌，躋身當代地位封冕加冠的證明；台新銀行文教基金會舉辦百萬高額的「台新藝術獎」，重賞之下必有勇夫，其參賽作品莫不汲汲於凸顯當代藝術創意至上的特色，幾乎成爲「後現代」藝術創作競賽大本營。〔註 14〕這些公開運作的社會資源，大多在當代學者專家群評審的主控迴圈之下，提供了學院派出身畫家踏入社會大展身手的好機會，而這些現實型態中自然彰顯出「後現代」思維與手法的各種特色。

　　由是，這些現實諸多環境條件快速連結，均有助於整體美術大現代化運動，更使解嚴後的臺灣當代藝術發展，「現代」與「後現代」兩者之間無縫接軌。所謂西方八〇年代興起的「後現代」，已然亦步亦趨地融入臺灣這般社會風氣之中，引領當代藝術風騷。

〔註 13〕 譬如：曾身兼臺灣省美術館館長的台南藝大教授薛保瑕、威尼斯雙年展策展人的臺北藝大教授林宏璋、北市美術館館長的臺北教育大學教授黃海鳴等人即是其中的代表人物。

〔註 14〕 《今藝術》，典藏，第 151 期，2005 年 4 月，頁 68～71。2003 年由台新銀行創立台新藝術獎，縝密的規劃與配套，結合藝術評論媒體推廣與社會教育，已形成臺灣年度藝術趨勢的重要觀察指標。

第三節　現代水墨的解構與建構

　　一般說來，到七、八〇年代，臺灣社會已進入全面「現代化」的階段。現代水墨追求精緻化、統一化、獨特化、個性化等精神特色，已經成為水墨畫家共同的認知與理想。作為精進思維的「現代主義」顯露於作品中猶如「一花開五葉」，莫不極力強調個人創作的「自主性」手法與特色，上窮碧落、拓展新貌的結果，其實，自主突破的結果往往跨入「後現代」領域而不自覺。但是，檢視許多仍然以「現代水墨」創作風格特色者為題的專題策展或文章，竟然論述「後現代」付諸闕如，或三言兩語而已。〔註15〕水墨從「現代」蛻變出「後現代」，兩者彼此相互借用跨域等情況不斷發生，正揭示臺灣已全然進入「後現代」混雜多元的時代了。

一、思潮挑戰：「筆墨」當隨時代

　　中國水墨史上歷代名家輩出，世代傳承了精彩「筆墨」的經典名跡。古往今來，「筆墨」一詞，不僅指工具材質與形式技巧，「筆法」與「墨韻」更包涵畫家整體的人格思想與修為。它不啻代表東方繪畫藝術最高的價值，也成為水墨創作思想方法的代名詞。近代中國門戶大開之前，傳統社會文化結構穩定的年代中，「筆墨」這個根深蒂固的永恆價值從來沒有人會質疑它所傳承的「藝術語言」，更不會出現改革或革命之類的行動。

　　但是，「筆墨當隨時代」的思想，早被清初石濤上人所一語道破，說出穿越古今時空的創作箴言——面臨時代社會型態改變，作為解決實際水墨創作的「筆墨」方法，即隨之變通。三百多年前，睿智先覺的石濤繪畫思想，影響至今，仍然促使後人反思時代精神之為何物，值得借古鑒今。

　　「筆墨」，成為對中國歷代繪畫風格「斷代」的主要準則，無不說明它與時代關係密不可分。「筆墨」既是出自畫家之手，而畫家無法脫離時代環境，因此「筆墨」本身就具有辨識它與「時代」的某些意涵與特徵。因此，畫家風格的個人筆墨——「藝術語言」即無法與時空完全切割，永遠是評價時代地位的主要證據。時至二十一世紀伊始，「筆墨」與「時代」之間的對話仍然

〔註15〕蕭瓊瑞，《水墨變相——「現代水墨」在臺灣》，2008年12月，臺北市立美術館。作者檢視「水墨」在台灣發展三百年的起伏大勢及風格特色，並配合大型展覽，題目既然討論水墨之「變相」，對水墨畫家其中的「後現代」問題卻完全不提，未知何故。此實例之一。

益加劇烈。

　　2000 年，在香港舉行一場《筆墨論辯》國際學術研討會，爲了這個傳統議題，特別邀集大陸、香港、韓國、臺灣等專家學者。與會發言內容來看各有主張，大致可分作：一、筆墨根本論；二、反對筆墨中心論；三、擴大筆墨範疇；四、主張多元格局等四種類型。綜合這些觀點，就反映了這個時代與「筆墨」問題上矛盾衝突的客觀現實。〔註 16〕這次會議，至少說明了一個重要的事實：今日面對已經是「現代」與「後現代」各種不同藝術場域相容並蓄交錯發展的時代，傳統文化價值的「筆墨」問題正是到了重新討論、評估與詮釋的關鍵時刻了。如何反映時代精神與潮流，成爲當代任何水墨創作者的首要課題。

　　社會之開放發展，引發藝術創作思想之活躍，水墨的「筆墨」爭論可謂越來越多，愈辯愈明。倡議中國現代化水墨，海峽兩岸最引人注意的例子莫過於──1974 年臺灣劉國松提出「革中鋒的命」與 1985 年大陸吳冠中提出「筆墨等於零」的口號，兩人前後呼應，引發了當時藝壇上許多對立的激辯，餘波盪漾。強烈自我意識的「現代性」主張之下，而就其實際創作方式來看，前者以自製麻宣，發明一種「抽紙筋法」的山水嶄新皴法爲自己改革「筆墨」作解套，取代傳統皴法，與是否「中鋒」已無關連；後者以強調「抽象形式」的結構方式自由統攝筆下寫生主題，簡化傳統畫法而作「抽象形式」，並非完全脫離「筆墨」，這何嘗不是一種當代水墨詮釋「筆墨」符號的新奇方式，兩者「筆墨」創新本身已足以解讀眞正目的。只是兩人主張「中國畫的現代化」高呼震響的口號，引發畫壇上意識形態對立之爭，而反倒是忽視了原先提倡革新的初衷。

　　臺灣主張現代化的「抽象水墨」畫家，其他比較具代表性的，例如旅美身兼建築師與水墨畫家的陳其寬（1921～2007）、陳庭詩（1913～2002）、吳學讓（1923～2013）〔註 17〕、朱爲白（1929～）、楚戈（1931～2011）、管執

〔註 16〕《筆墨論辯──現代中國繪畫國際研討會論文集》，香港：香港藝術發展局，2002 年。2000 年 5 月 5 日～7 日，由香港大學和香港中文大學承辦。會議是根據這些年來關於筆墨問題愈加激烈愈加敏感，對中國畫的發展影響亦愈加重要的情況而特別舉行的。〈序言〉中所說，「是次研討會的目的，乃希望通過討論，喚起中國書畫藝術界的同道，對這個課題多一次深入的思考，作不同的意見的表達。我們不在乎誰是誰非，更不會有一個結論。」

〔註 17〕吳學讓（1923～2013），杭州藝專畢業，與吳冠中、趙無極爲前後期校友。1972 年任教於臺北市女師範專校，1978 年於文化大學，1988 年於東海大學。

中（1931～1995）、黃朝湖（1939～）、閻振瀛（1940～）、顧炳星（1941～）等人，其中吳學讓、楚戈、閻振瀛部份作品也展露「後現代」解構的特色。同世代，相對於倡導「革命式」的抽象水墨主張之外，則絕大多數畫家從傳統中創新的「改良式」主張，傳承學院派一貫由寫生而創作的「本土」路線，主導臺灣水墨風格的形塑，代表人物且擔任教授之職，整體發展可謂枝葉繁茂，蔚為當代主流。

這兩種相對主張，基本上被認為是水墨「具象」傳統精神與「抽象」西方思維的鬥法，兩造曾經藉由報章雜誌「打筆戰」手辯方式，以宣示個人權威與版圖。彼此爭辯主張的結果，幾乎形成一種意識形態的對立。對立在六○、七○年代之間達到高峰，那些混戰年代只因時過境遷，藝術判斷就像自由民主一般，說穿了，最終要回歸個人創作價值判斷的終極目標。八○年代「解嚴」之後，百花齊放，則於一波波自由開放思潮逐漸稀釋而平息了；完全自主的時代來臨，原先藝術權威結構的版塊開始鬆動，個人創作理念與方向又起了變化。

回頭審視這兩種相對主張，其實都是為了爭辯水墨的「現代化」問題，就在這個追求「現代化」的大目標上——面臨這股開放的時代潮流，「後現代」並沒有造成妨礙，反而同時給了兩造針鋒相對的畫家們，從「後現代」多變的思潮中相互激盪、再造突破與精進的機緣，只是各自在有意無意間，斟酌方法不同。

今日開放自由的時代，個人自我實踐「藝術語言」中的「入世」態度，被認為是理所當然，這與往昔文人隱居清高自持，不食煙火的「出世」境界取向實在大相逕庭，已不可同日而語。傳統分類的山水、人物、花鳥、走獸等符號形式，其「筆墨」意涵已不符合現今創作主題的認知，如當代後工商社會所造成的環境問題、個人創作與生活無形的壓力指數等，皆今非昔比。而這正意謂「入世」態度與「現代性」創作命題，需要相對轉換或解構的詮釋角度，開拓屬於此一時代的「筆墨」特色，才能為水墨注入現代的生命感。因此，「現代水墨」往往感發一種現實的「時代」意識判斷，當成主導創作主題與方法的「筆墨」前提。不論題材新舊，時代遠近，譬如：一座臺北 101 摩天大樓或是一座文人傳誦的中國黃山，若透過藝術家現實自覺的「時代」意識判斷，即能傳達它筆墨「現代性」意涵，「時代」意識判斷也就是區分畫家風格「現代」與「傳統」的基本底線，而非單指題材本身新舊

之別。

　　所謂涵蓋「時代」意識判斷的「時代精神」，指的是依據現實世界與個人生命中的普世價值基準而言，即是一般論者經常強調的「時代性」、「現代性」或是「當代性」的涵義——它實際涉及的議題，包括政治、人權、都會、環保、性別等內容範疇。相形之下，那些「保守」傳統文人水墨畫因缺乏時代精神，即使筆墨純熟，但內容泥古刻板、毫無新意而被美術史家批評爲是一種「骨董」現象。

　　凡是水墨畫家，都不約而同感受時代所帶來的訊息與壓力，如何化解「筆墨」關卡，是通往現代創作必要之路。尤其從學院派出身的，對「筆墨」既要傳承也要創新，如何穿透「筆墨」承載的文化程式，多元吸收與消化，開拓自我的抱負，甚至重新自我定位，在心理上無不充滿著矛盾與挑戰，這看似危機也是轉機——其目標可比咫尺天涯，個中運用之妙，各憑造化，各顯神通了。

　　「筆墨當隨時代」的意義，簡言之，就是使畫家能夠體察到時代精神，建立個人獨特藝術語言，與時代展開對話。綜合看來，作爲所謂眞正的現代水墨畫家，即需運用自如的「筆墨技巧」外，「時代精神」是絕不或缺的。「時代精神」其實指創作命題背後潛在的主體意識，其精神乃繫於個人生命經驗法則而來，若創作缺少社會關懷情操者，或頑固封閉者恐怕難以致之。這幾乎等於藝術創作是否具有「當代性」的前提。「現代」與「後現代」創作意識互爲流通的狀況下，切入當代社會議題，即使「筆墨」被顚覆，用意即藉以凸顯「時代精神」中的個人訴求。尤其，長久水墨「人物畫」描繪難度相對釋放，於是湧出許多當下人物畫主題，迫不及待傳達它的現實感、人間性、與時代性等特色。從開放解讀角度，個人創作因應創作命題，不拘泥於筆墨法則，捨棄「筆墨技巧」傳統原意，自創個人的方式。如抽象水墨派運用自動技巧，即積極拓展嶄新視覺效果，令人耳目一新，亦是反映了現代材質語彙的時代精神。

二、個人風格轉向多樣

　　「解嚴」前後的「現代化」時期，許多專家企圖爲臺灣現代水墨畫家風格把脈，歸納分類。實際上處於時局巨變，藝術自由反映時代氣息，焉能不變，畫家不再墨守成規，以師承爲滿足，導致前後風格不一，求新求變反而

蔚為一種現代常態，因此若從中歸納分類，其實是難有明確的結果，見仁見智。這毋寧是自由多元文化下的臺灣水墨藝術現況的寫照。〔註18〕

當我們談論水墨現代化問題之際，其實，時空環境已經進入「現代」與「後現代」混雜的階段了。如前所述，從學院派背景來看，臺灣不少現代水墨家創作仍然傳承「筆墨」功夫。基本上，所謂「現代化」，因人判斷，無論師承的、寫生的、抽象的等畫法準則，任何主題內容都可以入畫，大致重視從傳統基礎中追求創新，個人必須探索融會，發揮獨特的自己「繪畫語言」自創面貌，達到鮮明的風格品牌——「僅此一家，別無分號」，才能獲得現代評價的認定。

當「現代化」口號不斷上綱，科技資訊越加自由普遍之際，更擴大彼此藝術創作與觀念的交流層面，影響所及，逐漸浮現一種跨越門派思維與作風的趨勢——亦即藝術家個人風格產生「新變」，導致一生多元多樣的混合型態。這個現象，特別在臺灣「解嚴」之後益發明顯，不可否認乃是整體社會的藝術風氣走向所致，反之，若是個人創作堅持單一風格一成不變，似乎即意謂不能「筆墨當隨時代」。此中，早已成名的畫家在「解嚴」之後，受到局勢改變的衝擊，仍在創作上力圖「新變」，個中實具有特殊的時代意涵。

二十世紀現代水墨畫家，個人藝術創作思維在時代精神感召之下，與前一世代畫家相比，個人風格空前的「新」與「變」乃意味這個時代的一種精神特色現象。上述，自稱「現代」水墨畫家，不管風格被歸類於「抽象」或「具象」，實際風格經營上，或多或少受到當今「後現代」社會文化的某些觀念所激盪或啟發，導致個人風格展現一種「多元並呈」的狀態，如果我們從視覺經驗來判讀這些畫家之所以建構風格的符號語言，從中就能透露出不少個人創作變化因素與意涵。

筆者觀察，畫家受到「後現代」時代風潮，或處於不自主地無形中的影響，感性創作本身並不需自覺或認知理論。因此，本文無關畫家本人是否認同「後現代」，與評述藝術高下，更非貼上標籤，而是基於臺灣高度「現代化」趨勢與「當代水墨」的學術論述角度，就其藝術創造的風格語言予以客觀分析。以下且就筆者平時收集梳理的觀察心得，列舉幾個畫家例子略予

〔註18〕 《現代水墨畫》，臺北市立美術館，1988 年 5 月。與前註 14 對照，論者對現代水墨界定因見解立場彼此不同，甚至相互矛盾。

陳述。

（一）首先，舉「渡海三家」之一
的張大千（1899～1983）爲例——晚期
山水潑墨潑彩作風的緣由，自是因爲長
久旅居海外，受到西方抽象表現主義的
啓發，而迥異於原先鎔鑄古法所作的典
雅風格。大千潑墨潑彩作風遠接唐代王
墨（洽）潑墨的歷史法源，自動技巧接
近抽象表現主義作風，呼應了時代的自
由創作精神，穿梭歷史時空的門檻，吞
吐丘壑，彌乎六合，大千本是無意於
「後現代」，但已置身於當代世界潮流之
中。相較於另外兩家黃君璧寫生風格、
溥心畬傳承古風，則大千此一風格「新
變」，自然更具有水墨「現代化」的創新
意義。大千一生藝術成就與地位之所以
深獲後世推崇，顯然，與他晚期膽敢獨
造這股真放超逸的潑墨潑彩作風有極大
的關連性。〔註19〕（圖四）

圖四

張大千，〈瑞士道中金波翠嶺〉，
潑彩，94×60cm，1965。

（二）胡念祖（1927～，生於湖南）早期任職於臺灣師大，嫡傳黃君璧
與溥心畬北宗山水畫風，又曾長期旅居美國之後，1988 年返回臺灣任教於兩
所藝術學院。晚期山水具象之中揉合潑墨新變技法，開創更具抽象趣味的畫
風，即是大千之後代表例子之一。（圖五）

（三）李奇茂（1925～），雖然年歲已高，近期「顛覆傳統，自我革新」
的方式，筆墨語言不斷追求突破，形式上更趨純粹簡潔——最新作品〈春蠶
到死絲方盡〉：把曲線裱貼在宣紙下，形成微凸抽象的線條，取代一般「筆

〔註19〕臺灣資深藝評家曾長生博士評論：東方近現代水墨畫奇才張大千，觀其藝術
　　　　的演化正符合非西方跨文化現代性演化的特質。像他早期從臨摹敦煌壁畫吸
　　　　取養份，其融合儒釋道精神的企圖，正是跨東方主義的核心價值。至於後期
　　　　從美國抽象表現主義觸動其潑墨山水的創作靈感，也相當符合野性思維裡的
　　　　自動書寫精神。總之，在那樣保守僵化的中國水墨畫世界裡，能走出自己的
　　　　路，的確不虛百年一大千的美名，而當之無愧。

圖五

胡念祖，〈雪原之春〉，潑墨，45×79cm，2008。

法」作風。他創作心態上仍保持年輕人的心境，與時
俱進，自稱年齡並非限制，而是當代藝術創作理想的
自我超越。勇於逆轉現狀，「解構」筆法線條，出人意
表，跨越弧度之大，讓人刮目相看。丹青不知老之將
至——展現了他藝術心靈中追求現代精神的最佳寫
照。〔註20〕（圖六）

（四）正如前面章節所述，高舉水墨「現代化」
改革創新大纛的劉國松（1932～），概括其創作作風，
「傳功一甲子」——不藏私地公開他各時期探索的嶄
新技法：紙拓法、抽筋剝皮法、水拓法、墨漬法等四
種抽象式的山水意象表現方法。劉國松對時代反思，
反對傳統筆墨造成創新阻礙，戮力開拓技法以追求現
代創新特色與價值。走過一甲子，「技法」展現的材質
效果幾乎等同於他的藝術「風格」，兩者已成一體兩面
不可分割，因此，創作主張「求新、求變、求異」無
異成爲他追求水墨「現代化」的代名詞了。因爲劉國
松一向主張開放式的創作，讓許多追隨者很自然融入

圖六

李奇茂，〈春蠶到死
絲方盡〉（局部），
161×30cm，2011。

〔註20〕陶文岳，〈無法之法——李奇茂〉，《李奇茂大展》，赤粒藝術經紀策展有限公
司，2012年12月，頁18、19。

當代藝術思潮中以探求新路。而單就跨域不同材質技巧的拼貼方式而論，
比起其他抽象水墨畫家，劉國松有些創作意涵其實已涉入「後現代」領域。
〔註21〕（圖七）

　　（五）鄭善禧（1932～）與劉國松同年且是臺灣師大藝術系（後更名為
美術系）校友，而在藝術上無論思想、方向、技法與意境等卻是與劉氏極
其不同，兩人被評者認為是臺灣在戰後水墨現代化發展過程的代表人物。
〔註22〕若就傳承文人詩書畫印基本功來看，鄭善禧不但精善融通，另一方
面，經年積累，創作跨域到「彩瓷畫」，在現今臺灣水墨畫家當中，論整體品
質與水準可稱得上首屈一指，無人能及。除文人水墨成就之外，「常民藝術」
這方面特立獨行，饒富民俗風韻的當代影響力，是很值得關注的。〔註 23〕鄭

圖七　　　　　　　　　　　　**圖八**

劉國松，〈月球漫步〉，墨彩拼貼，　　　鄭善禧，〈五彩兩面人相乳壺〉，
69×85cm，1969。　　　　　　　陶瓷畫，直徑 18.5cm，1985。

〔註21〕劉國松「傳功一甲子」現代水墨創作展：為中華文化復興總會主辦《巨椽系
　　　列》之一，邀請臺灣當代創作高成就的書畫藝術家，舉辦創作精品展及出版
　　　畫冊，2013 年 1 月。
　　　如香港「後現代」水墨藝術家李君毅，現任教於臺灣師大，即是個中深受影
　　　響的代表。
〔註22〕王秀雄，〈戰後臺灣現代中國水墨畫發展的兩大方向之比較研究——劉國松、
　　　鄭善禧的藝術歷程與創造心探釋理〉，《現代中國水墨畫學術研討會論文專
　　　輯》，臺灣美術館，1994 年，頁 98、99。鄭善禧為筆者就讀臺灣師大美術研
　　　究所之教授。
〔註23〕郭繼生編選，鄭善禧，〈文人畫與民俗藝術之結合〉，《臺灣視覺文化：藝術家
　　　二十年文集》，藝術家出版社，1995 年 5 月，頁 178～180。

善禧水墨藝術「汲古開新」，但從水墨到「彩瓷畫」的跨域創作方式可謂既是「現代」也是「後現代」，他創作理念本是無涉流行的「後現代」，而實際上卻已經帶有「後現代」手法與意涵了。〔註24〕（圖八）

（六）羅芳（1937～）原是傳承黃君璧山水畫風，留任臺灣師大四十年後，遠赴美國進修。她以教授身份而放空自我，始得破解水墨窠臼，以續藝術生命日久長新。在 2010《懷抱心宇》個展的自述，引中唐朱景玄畫論：「窮天地之不至，顯日月之不照，揮纖毫之筆，則萬類由心，展方寸之能，而千里在掌。至於移神定質，清墨落素，有象因之而立，無形因之而生。」——審視傳統與潮流，在個人體認之下，解構水墨技巧，以矛盾的空間，反顏色、反構成等手法，創造抽象與具象並陳的風格，唯求新變作爲當代創作面目。〔註25〕（圖九）

圖九

羅芳，〈2007 雙十〉，
137×69cm，2007。

（七）以藝評著名的何懷碩（1941～），一向尖銳批評西方思潮，堅持從傳統中創新的主張，並且自我標榜「苦澀美感」水墨造境。藝評家徐小虎論之：「看他的中國藝術傳承，他所受的現代西方繪畫訓練和他的博覽群書四處遊歷，他的藝術哲學還是相當保守而固執的，這多少代表了他這個時代的矛盾。」〔註26〕這種矛盾，的確難以理解。依他的行事邏輯與他一貫深沈嚴肅的作風，1999 年個展出現寓言式風格系

〔註24〕《鄭善禧彩瓷畫集》，臺灣師大，1986 年 3 月。首次出版彩瓷畫，書中刊印作品總計 267 件，自稱創作彩瓷畫至今累計至少上千件，引領臺灣彩瓷畫風氣之先，享有盛名。

〔註25〕《懷抱心宇：羅芳繪畫創作展》，臺灣美術館，2010 年，頁 23。
羅芳爲筆者就讀大學美術系之山水畫教授。

〔註26〕徐小虎，〈何懷碩與中國畫〉，《臺灣視覺文化：藝術家二十年文集》，藝術家出版社，1995 年 5 月，頁 117。徐小虎，英國牛津大學藝術史博士、國際知名藝評家、臺灣大學客座教授。

列，畫中原來留白河流化爲裸女橫裎，創作手法如此斷裂，大異從前。美術史學者顏娟英寫到：「畫家一方面在創作上進入心象風景的極純粹水墨語言，……卻提出對抽象畫根本的質疑。」〔註27〕他自稱爲「心象風景」堅持創作理念，與西方「超現實」手法從未有過交集。學者論述其風格難以言喻的矛盾與質疑之處，此中似乎指涉隱藏了某種「後現代」晦澀徵候。

（八）既使以傳承「江派山水」〔註28〕文人筆墨出名的李義弘（1941～），近期創作借著自己擅長的攝影，嘗試援用宣紙輸出影像，再結合筆墨以強調當代感的解構效果——以「物眼」爲媒介，找尋「造化」與「心源」新的平衡點，〔註29〕顯然是受到當代科技效應而有了轉變。宣紙輸出攝影的岩石照片後，再加繪白花、水岸，如此「混搭」手法出現在以文氣優雅著稱的「江派」門風當中，顯得格外引人注意。但是，這意味著「後現代」沾溉當代的效用——所謂臺灣當代創作，中國傳統的水墨藝術依然可以再度跨越主義或門派藩籬，自由轉念追求自我方向，呼應時代氣息。

（九）江明賢（1942～）以深厚的學院派筆墨功力，融合中西畫法與觀念，獨造一格，突破前人山水格局。一生勤奮寫生創作，擅長臺灣「本土寫實」精神的水墨作風，近年來足跡遍佈大陸名山古蹟，展現巨幅山水，筆墨淋漓，氣勢磅礴的大氣派作風，引起極大的迴響。論者評他的水墨藝術風格爲「新人文表現主義」。〔註30〕他自稱勇於接觸各種畫風，絕不預先設限或避難趨易，讓自己有更加寬廣的創造空間——這種相容的態度，出現合併數件成爲一幅的〈江南水巷〉作品中，解構不同視角空間，如眞似幻，別開新貌，顯然屬於「後現代」拼貼創作手法。（圖十）

〔註27〕顏娟英，《臺灣美術評論全集・何懷碩》，藝術家出版社，1999年5月，頁144。
顏娟英，哈佛藝術史博士，中央研究院研究員，臺灣大學藝術史教授。

〔註28〕江兆申（1925～1995），安徽歙縣人，出身書香世家，爲溥心畬弟子。曾任臺北故宮博物院書畫處長、副院長，著名書畫史家、金石家、鑒定家，同享學術與藝術盛名。擅長文人山水畫風，傳授一批入室弟子，儼然自成畫派，世人稱之爲「江派」。

〔註29〕羅青，〈造化心源物眼探，序李義弘畫集〉，林宏璋，《感性生產：當知識成爲態度》，臺北藝術大學，2012年11月，頁174。

〔註30〕郭文夫，《江明賢新人文表現主義美學》，典藏藝術家庭，2007年12月。
曾長生，〈新人文表現主義的另類表現——探江明賢現代水墨繪畫的空間美學〉，《藝游回眸江明賢近作選集》，台中市文化局，2009年10月。
曾肅良，〈從「現代」到「後現代」——論江明賢水墨藝術的形成、特色與多元意涵〉，2005年7月。

圖十

江明賢，〈江南水巷〉，70×184cm，2010。

（十）黃光男（1944～），長久經歷行
政，擔任美術館長、大學校長乃至內閣委員
等職務，忙碌之餘水墨創作始終不輟。2002
年個展自序寫到：「畫鏡」是說繪畫藝術是社
會意識的一面鏡子。反映社會現象的自我角
色與見識，具有公眾性質所歸納的焦點，作
爲時代符號與象徵。畫家已不是藝術單一之
立法者，而是多元的詮釋者。〔註31〕這是他
近二十年走訪世界各地，隨著時代氣息與環
境更替所引發的思考。他以「眞情入理」爲
縱向思考，以時代精神爲橫向闡述，於國際
觀與在地文明中，選擇抽象思維、象徵比喻
以及符號表徵，這種體悟使得他原來具象花
鳥筆墨形式換裝，內質創選。行萬里，拓展
了廣闊閱歷與眼界，使他水墨風格轉化解構
成爲「抽象表現主義」的後現代藝術新貌。
〔註32〕（圖十一）

（十一）兼擅書畫印的李蕭錕（1949
～），早期頗得嶺南派畫法精髓。近二十年

圖十一

黃光男，〈水岸樹影〉，
140×70cm，2008。

〔註31〕黃光男個展《畫鏡》自序，龍門畫廊，2002 年 3 月 14 日。
〔註32〕同上。

來，茹素並潛心禪畫領域。2012，書法
自題個展名稱《當小沙彌遇上大美女》
——此「逆向思考」，冷不防地出現在當
代藝術氛圍中，讓眾人眼睛為之一亮。
禪意巧思，喚醒本心放下。「遇合只是時
間的早晚，機緣都來自於眾生累世的宿
緣。生命不是絕對必然的命定，往往是
一切可能的彙聚」〔註33〕且看他筆下憨
拙小沙彌，寫意俐落，淨絕出塵；刀下
美女肖像印百顆，情態窮盡，踏破東西。
可謂筆下刀下，出世入世皆在一念之
轉，樸實與華麗盡來自眾生塵俗之一
念。水墨書法篆刻在這位當代禪畫者信
手拈來，出入傳統而高踏淨土，不著意
處卻機杼脫俗。一心妙用，活潑隨意，
寫意乃至得意，蘊含一種「後現代」的
空無禪機。（圖十二）

圖十二

李蕭錕，〈小沙彌觀碑圖〉，
30×21cm，2011。

　　以上所舉例的代表畫家，在 1987「解嚴」之前已經樹立個人成名的現代
風格，而經過「解嚴」之後的社會思潮再次洗禮，個人或多或少體察了時代
精神，有所感發而力求精進，可說是長久親炙「現代主義」氛圍之後的突
圍。此可謂是現代化臺灣「文化轉向」中藝術家的一種自發性風格的再造
現象。「文化轉向」——在二十世紀才真正確認文化的「多元」，即異文化之
間和平相處，與「多重」，即發掘任何文化內部的異質性。〔註34〕而這種時
代「多元」、「多重」的文化特性，即是促使「現代」、「後現代」藝術發展
的內在實質因素。因此，經過以上的分析解讀，筆者大概歸納出以下兩點
觀察：

　　一、按年齡推算，這些藝術家正好經歷臺灣現代化的過程，在此雖舉其
風格誕生與新變之一隅，但是見微知著，足以見證「現代」與「後現代」這

〔註33〕潘襎，〈當小沙彌遇上大美女——李蕭錕禪畫展〉，《書法教育》，第 183 期，
　　　　2012 年 7 月，頁 20、21。
〔註34〕廖新田，〈正統國畫事件年表〉，《藝術的張力：臺灣美術與文化政治學》，典
　　　　藏雜誌，2010 年 6 月，頁 3。

段交互影響的文化歷程，而這些成就自然象徵時代精神與意義。

二、列舉的幾位代表畫家，本身不僅是臺灣藝壇名家，且均是身任學院教授，其藝術「新」「變」作風在當代所產生的影響力，無疑引導學院派出身的新世代年輕人的創作方向，更加追求「新」「變」，其結果即更可能接近或涉入「後現代」藝術領域，實不言而喻。

綜觀臺灣當今畫壇，當代畫家不管有意無意，受到時代潮流的影響只是程度不一罷了。一般當前經常稱「現代」或「當代」水墨，其實「現代」與「後現代」兩者流通混合，自稱「現代」風格者有時含有「後現代」而不自辨識，且此現象正持續演變中，乃須日後沉澱與觀察，所以企圖從目前階段，找到本文論述完整的肯定答案，確實不易。換言之，當代追求「現代」作風而涉入或相容「後現代」特色者，此時此刻在臺灣不算少數，當不止於本文所列舉的幾位而已。以上筆者個人觀察，論述立場只是相對而非絕對。

或許，從社會學角度來看，臺灣自由開放生態極度發揮它對於藝術家的感染效應，環境影響了藝術家，相較之前世代的畫家，文化轉向相當明顯，其中複雜社會意義實有待專家學者再深入解題了。

三、當代人物畫順勢而起

「解嚴」乃真正回歸民主運作的開始，更意謂了臺灣經濟、社會、文化藝術等方面，原本「定於一尊」的制式觀念價值隨之「解構」於無形，讓各行各業展現出前所未見的民間活力與能量——回歸與保障人民的言論、出版、集會、結社等基本人權。「解嚴」之後，許多過往政治內幕解密，如二二八、美麗島事件等；兩性平權，同性戀遊行與婚姻的立法訴求等；司法改革，重審冤獄等；乃至普羅大眾各種民生基本權益與意識紛紛抬頭等，局勢如排山倒海，可說民主時代「人民作主」的意識已如日中天一般。

這個劃時代的轉變，真正使得整個社會文化思想風氣獲得全面自由開放，展現更直接尖銳大剌剌的「入世」創作主題，因此，當代水墨藝術創作最能表現當代性、人間性、現實感、親和力即是「人物畫」。它的順勢而起，風起雲湧，反映著「人」深切體認自身現實生存的價值感。當代「人物畫」主題直接表達當代人的情感內容與看法，自主地切入當代社會現象或個人生命，展現前所未有的創作張力與活力，譜成當代最亮麗自然的人間圖像。

　　畫家筆下「人」的主題內容，往往針對當代各種社會議題或現實事件，自然流露情感，舉如 1999 臺灣九二一大地震造成慘重災害，各界物質與人道救援，患難見眞情的場景，紛紛入畫。這個新興的趨勢，在年輕新秀以「後現代」水墨特色角逐臺灣省美展比賽中顯現出來，「人物畫」屢屢獲得評委的青睞與肯定，名列前茅。〔註 35〕這些無不呈現當代人文精神的觀念省思與品味判斷，證明透過「人物畫」最能有效地表現「當代性」意義了。而某方面，這種情況再次凝聚並深化了原先的本土意識。

　　臺灣美術史家蕭瓊瑞在《解嚴前後台灣地區美術創作主題的變遷》一文中，即揭示以「人」做主題中心，涵蓋整個人文關懷的主要領域，劃分為五大領域：人與自我、人與人、人與自然、人與物質、人與宇宙等。他認為「主題意識」的覺醒，或許是建立「本土藝術」的一條寬廣大道。〔註 36〕

　　　臺灣社會自由精神，猶如世界先進藝術走到現在階段的存在精神：
　　　人的自我剖析、批評、否定、解放和再肯定。眞正意識到這才是此
　　　世紀「人與環境」中，人所能具備的唯一條件。〔註 37〕

　　從當前現實面來看，世界各國對臺灣社會的認識與報導，時常反應：臺灣最美的風景是「人」——因為臺灣百姓溫和善良的人情味，即是一種長久積累自然散發的人文素養特質。在臺灣水墨歷史上，這個時代是人與社會環境關係既開放又密切的空前時期，自由精神與人文思想已然圓融而普遍——「人物畫」體裁形成當代創作盛行的主流意識，自由活潑顯現了臺灣社會發展眞實的一面。透過畫筆，無疑見證了此一時代「人」本質上的核心價值。

〔註 35〕　林章湖，〈略評（民國）八十年代省展水墨畫風之變〉，《臺灣省地五十三屆全省美展彙刊》，臺灣省立美術館，1999 年，頁 24。
　　　　　林章湖，〈續評（民國）八十年代省展水墨畫風之變〉，《臺灣省地五十四屆全省美展彙刊》，臺灣省立美術館，2000 年，頁 27。

〔註 36〕　蕭瓊瑞，〈解嚴前後臺灣地區美術創作主題的變遷〉，《觀看與思維——臺灣美術史研究論集》，臺灣省立美術館，84 年 9 月，頁 65。經過統計，在主題或內容方面，以「人」做主題中心之五大領域，分別如下：(1)人與自我（人性的、哲思的、自省的、心象的、生命的）、(2)人與人（社會的、歷史的、政治的、人倫的）、(3)人與自然（環境的、生態的、大自然的）、(4)人與物質（材質的、構成的、純粹美學的）、(5)人與宇宙（宗教的、巫術的、象徵的、時空的）。

〔註 37〕　李渝，〈民族主義、集體活動、自由心靈〉，《雄獅美術》，第 224 期。

第五章 「後現代」的臺灣當代水墨

　　二十世紀八○年代至九○年代以來，「後現代主義」研究在西方學術界成為顯學，「後現代主義」理論已然跨入國際學術前沿。〔註1〕臺灣社會真正出現藝術上的「後現代主義」究竟何時開始？就當前所蒐集的資料之中，並沒有明確的時間記載。舉凡進入「全球化」時代階段之後，臺灣社會出現的各個西方藝術主義，似乎總是隨著潮流風靡而至，而難以找到端倪。

　　根據學者指出，「後現代」與「現代」在歷史時間的結構上關係複雜，超出傳統歷史觀之外，其間有三重關聯式結構：「先後持續」、「斷裂性的時距」與「相互重疊交錯」，也就是「單向」、「逆向」與「多向重疊」。〔註2〕在人類歷史走向現代化之際，顯然並沒有完全獨立的「後現代」時間，它的衍生擴大仍然依賴存一切現代體系準則而存在。

　　依照本文前面所述，我們了解到，若按照西方「後現代主義」興盛的八○年代，時間上正逢臺灣解嚴前後階段，再綜合臺灣許多美術專家學者策展活動、論述文章，以及 1987 年兩位國外「後現代主義」著名學者哈山 Ihab Hassan（1925～2015）、詹明信 Fredric Jameson（1934～）來台演講等事實〔註3〕，

〔註1〕 島子，《後現代主義藝術系譜》，重慶出版社，2007 年 1 月，頁 33。
〔註2〕 高宣揚，《後現代論》，中國人民大學出版社，2010 年 2 月，頁 23。
〔註3〕 輔大英文系劉紀雯（10/19/1998）：http://www.eng.fju.edu.tw/Literary_Criticism/postmodernism/intro_chinese.html。
1987 年，哈山（Ihab Hassan）在臺灣大學演講，由文學角度解釋他的現代／後現代二元論（形式／反形式、目的／遊戲、設計／偶然、階級／無政府……等）：同年，詹明信（Fredric Jameson）來台解釋後現代主義——如何屈從和強化晚資本主義的文化邏輯。

即相當吻合本文的看法——臺灣解嚴，大致上可以視爲區隔藝術「現代」與「後現代」的座標。也就是，臺灣社會現代化日益與「後現代」思潮混合而發生諸多「後現代」狀況，而藝術上的「後現代」活動則在解嚴之後，各方面現實條件俱足發展才受到公開認同與普遍重視。換句話說，是在臺灣解嚴之後，隨社會眞正自由民主風氣之形成，「後現代」才名正言順地登上臺灣藝壇，之前它已經存在，但仍受制於戒嚴體制的關係，只有若隱若現的零星作爲並無普遍影響。〔註4〕因此，我們可以大致劃分，解嚴之後，才是臺灣「後現代」藝術實際發展的時期。（參考第三章第二節）

　　臺灣社會現實中的「後現代」藝術現象，專家學者們認爲是全面解放，理論百家爭鳴，形成一種多元複合式文化的型態。誠如王秀雄所述：「後現代主義」的思想達到巔峰的時期是 1980 年代後半，在文化或藝術凡是有新的表現手法，就被貼上「後現代主義」的標籤。〔註5〕

> 現代主義主流論述的消逝，爲藝術所帶來的是全面性之解放；隨即而來的是詮釋理論的百家爭鳴與手法媒材之千變萬換：結構、解構、女性、後現代、後殖民，各式各樣的主義輪替地進入主論壇，攝影、數位、裝置、身體，各型各類的素材互補地各顯神通。〔註6〕

　　九○年代以後受到政治氛圍的強力感染，文化認同問題更形複雜與分歧，釀成多元複合的迷彩式文化面貌，反映不同的政治立場、分崩離析的社會價值與變化多端的現實環境。藝術的推動除了官方體

〔註4〕 羅青，《什麼是後現代主義》，臺灣學生書店，1997 年 8 月，第二版，頁 311～323。

按照羅青的說法：後現代文化是後工業社會的反映。他指出：從 1966 到 1987，二十多年間，臺灣慢慢從加工出口導向的工業社會走向高科技導向的後工業社會。這種說法，顯然把臺灣出現「後現代主義」的時間，提早了二十年。事實上，他所指的，即是筆者所說的社會上開始「後現代」狀況的時間，而非藝術上的「後現代」現象。這在討論「後現代」藝術須先說明，以免混淆。

高千惠，《當代文化藝術澀相》，藝術家，1998 年 2 月，頁 68。作者按：從社會類型的發展上看（附表一），八○年代的臺灣，是現代與後現代同時發生而又瞬息面臨轉型的重要年代。

〔註5〕 王秀雄，〈後殖民與後現代的台灣美術〉，《後殖民與後現代：台灣美術院院士第二屆大展》，財團法人台灣美術院文化基金會，2012 年 5 月，頁 5。

〔註6〕 曾長生，〈台灣美術院的後殖民風格表現〉，《後殖民與後現代：台灣美術院院士第二屆大展》，財團法人台灣美術院文化基金會，2012 年 5 月，頁 21。

系以外，也受到民間各界的參與與支持，私人財團法人文教基金會
紛紛成立，文化建設形成多角化經營的格局。〔註7〕

這種「多元多角化」的藝術生態正是高度現代化的現象——當代臺灣社
會中的五花八門的「後現代」現象，早已超越「現代」時期的界限，而邁向
全面開放的「後現代」階段——臺灣儼然成爲一切西方當代藝術主義操演的
「後現代」實驗場域，尤其，在臺灣「西畫」方面直接引進西方「後現代」
藝術思想與手法，創作者語不驚人死不休，無不竭盡思慮，個個爭勝取寵，
頭角崢嶸。

至於當代水墨受到「後現代」的影響，大致情況不像西畫那般全盤接收
西方流風，相對顯得比較溫和含蓄。原因主要是東西方文化思想型態的根本
差異，以及創作養成方式不同所致，但是實際受到影響與變化的程度已經超
乎想像了。長久西潮衝擊下，當代臺灣水墨畫家對於此一外來新思潮，在多
元多角化下，「後現代」水墨關注於創作媒材形式的轉變翻新，借鏡或效法西
方流行的藝術主義，進而使個人創作風格、解構手法、主觀操作等，在選擇
與詮釋創作的向度之下，逐步與先前「現代」水墨拉開差距，躋身作爲新潮
藝術角色之一，當仁不讓地與當代「西畫」平起平坐，引領當代風騷。

「後現代主義」領域，它不只是單一的主義而已，實際上是一個綜合的
總稱，還包括其他同時期許多相關的主義在內。「後現代主義」在當代時空中
的存在狀態，與其他主義比較起來，它本身就是一個難以框限的「後現代」
現象。

當代臺灣，則如何界定水墨創作「後現代主義」藝術範疇？首先，問題
在於「後現代」本身界定的不確定性因素，這使它任何運用方式，幾乎處在
一種全然「我行我素」的個人開放式創作狀態——被允許運用任何「後設論
說」的方式，打破原來「現代」藝術先驗邏輯的一致性標準，使自身合理
化。〔註8〕其次，它的創作跨越歷史流派、畫種材質等領域，跳脫藝術種類的
限制。在其百無禁忌的創作生態中，彷彿是平原放馬，不禁令人感到易放難
收的顧慮。無論如何，自不能因爲它本身不確定性所造成的陷阱，而失之客
觀判斷的立場。事實上，任何主義都是藝術創作上的「理論」主張，即使論

〔註7〕 陸蓉之，〈世紀回眸——臺灣美術百年的變臉〉，《藝術家》，第259期，臺北，
1999年12月，頁298。
〔註8〕 同註3，參考「後設論說」，頁156。

述「後現代」藝術也應該回歸它「自主獨創」的形式特質，就事論事，還原它實踐藝術的真相與意義，才是探尋的途徑。

> 藝術作品的形式分析，考慮其內在結構以及組成要素之間的關係，以作品本身為終點，或以藝術作品的形式特質來探討其演變過程。形式特質包括許多內在方面：形式安排、風格手法、文學或藝術史的參照、象徵等。形式分析同時考慮運用的技術、圖像或語言的內容，以及相關傳統作品的美學影響。〔註9〕

因此，筆者不得不鎖定作品本身形式條件，從它呈現的創作意圖、運用手法與內容特色等來討論。雖然，這對「後現代」而言，並不完全符合它否定或顛覆的基本意義，但是，藉由這些水墨具體可辨的視覺藝術語言符號，分辨水墨「現代」與「後現代」作品之間的差異性，以利解讀水墨的「後現代」涵義有了比較明確的線索，進而依其「後現代」作品特色給予分類論述。

本文所論「後現代」水墨並不限於一般平面水墨材質繪畫而已，包括從水墨本身發展出來的跨越媒材形式的其他作品，如複合媒材、裝置藝術、空間藝術，甚至公共藝術等，這些多元開放「延異」的時下形式，具有「後現代」的創作意涵或特色乃屬當代水墨藝術「主體論」的範疇。簡言之，這些利用非水墨材質而作品外在形式張力特色具有當代水墨「後現代」明顯的象徵意義，皆納入本文探討範圍。

第一節　海外前輩中國水墨畫家

> 「後現代主義」也不過是一種配合時代發展的詮釋方法與態度而已。正如同工業社會發展了現代主義的看法，後工業社會，自然也就順理成章的發展出屬於自己時代的詮釋觀點。因為舊有的那一套實在無法應付各種層出不窮的新情況了。〔註10〕

> 臺灣有藝術最好的基礎。臺灣的地理、歷史、社會、文化與後現代主義有一相同之特點，這個特點表現一個字就是「開」字。所以臺

〔註9〕 維多利亞・亞歷山大著，章浩、瀋陽譯，《藝術社會學》，江蘇美術出版社，2009 年 1 月，頁 312。

〔註10〕 羅青，《什麼是後現代主義》，臺灣學生書店，1997 年，第二版，頁 14。

灣後現代藝術與藝術理論是世界上很大的作用。〔註11〕

這裡所謂的「開」字——顧名思義，顯然是指臺灣藝術環境的「開放」特點而言。正如前面所述，臺灣社會現代化，特別在解嚴以後，整體藝術創作主客觀風氣可謂達到天時地利人和的俱足狀態，順理成章與「後現代」無縫接軌。處於「後現代」時期，許多畫家風格追求並不再定於一尊，而以求得任何可能新變爲能事，樂此不疲。於是，浮現各自命名的「後傳統」、「後歷史」、「後文人」、「後水墨」、「後彩墨」、「後寫意」、「後未來」、「時尚水墨」等，以及類似「後現代」的「次文化」、「次水墨」之詞紛紛出籠；另一方面，在這段「後現代」時期，仍有並存而不屬於「後現代」藝術定義的，例如，「傳統水墨」、「鄉土寫實水墨」、「抽象水墨」等作風。這種並存無礙的開放現狀，正顯示這個時期整體社會樣貌即是多元主義的「後現代」。

臺灣海島文化型態，國際化影響程度自不在話下。當代海外重要的水墨畫家，不時給臺灣帶來一些國際的藝術新變訊息，啓發了臺灣水墨藝術「後現代」的翻轉與創造的時機。幾位長年旅居海外的重要中國水墨畫家，接受臺灣各大美術館邀請與策展，其個人豐富的創作經驗現身說法，尤其在水墨藝術現代化的方向，引起普遍迴響。如美國紐約王己千、久居歐美趙春翔與檀香山曾佑和，還有主攻西畫兼善水墨的朱德群（1920～2014）、趙無極（1921～2013）、莊喆（1934～）、蕭勤（1935～）等人。值得注意的是，他們專注在水墨創新的成就，經過西方當代思潮洗禮與個人長期奮鬥經營，他們藝術光環所跨越的創作思想方式，某方面代表著中國水墨藝術處在全球化形勢中的指標，無形中形成一座感通「現代」與「後現代」的橋樑，極具象徵意義與地位。亦即，帶給臺灣當代水墨畫家取經效法的契機，自然鼓舞了臺灣畫家邁向當代創作方向。

王己千（1907～2003），又名季銓、季遷、紀千，是位著名中國書畫家，也是收藏鑑賞家，雖然家世顯赫，收藏名跡價值被譽爲「富可敵國」，但是他書畫創作方面，態度開放吸收，同時追撫古法且關注美國當代藝術，融通傳統與現代，展現個人創新的水墨格局，成爲當今海外舉足輕重的代表人物之一。王己千代表作——後期現代水墨作品，以草書線條結合了抽象表現與立體派，展現一種中西融合的當代氣息。

〔註11〕維諾格格（E. Vinogradova），《時空間之外：中國傳統藝術裡「後現代」之氣質》，臺北：漢學研究中心，1994 年 4 月，頁 2。

趙春翔（1913～1991），畢業於杭州藝專，是一位極度自由主義的當代畫家。旅居西方國家32年，創作風格上，自傳統水墨、水彩畫等多角的嘗試期，歷經美國抽象表現主義末期曇花一現的風光之後，運用色墨材質效果，肆意解構符號，造成強烈對比，展現自由揮灑的前衛觀念。他的藝術作風追求現代的個人極致態度，導致一種「後現代」多元並置的模糊屬性，引起不同解讀與評價。（圖十三）

曾佑和（1925～），又名幼荷，既是書畫家也是美術史家。2002年冬，她受歷史博物館之邀，畫展以「意象綴集」為題——她認為「綴畫」是「解體減形」的效果，取法近乎塞尚、克利分析畫面「色、形、線」的方式。她的繪畫世界，皆是為了探索更深層所謂宇宙和諧的印象，作為一個富有實驗性的藝術家，她不斷地探索當代的書畫線條本質，激發了許多創意的想法並展現出現代感。「綴畫」開啟了全新的視野，呈現新穎卻又熟悉的光彩：它的線條、特色、文字與宇宙和諧的印象。（圖十四）她超越了中西之分，古典與現代的衝突，而得以自在追求與自然的合

圖十三

趙春翔，〈滌盡塵俗〉，布上彩墨、壓克力，239×127cm，1984。

一。臺灣抽象水墨畫家楚戈自述，大半時間都投入現代中國畫運動，為傳統文化現代化而致力，受到她的啟發。〔註12〕

身處海外的中國畫家，藝術創作立場受到西方當代思潮的影響是不言而喻，但重點並不在表面的繪畫形式上，而是藝術本身所激起的思想觀念，毋寧說是一種創作思維轉變所突破的新意。本文在此無法深論，但是，我們可

〔註12〕 石守謙、林柏亭、茉莉亞、自言專文，《意象綴集——曾佑和作品展》，歷史博物館，2002年11月，頁6～15。

以從他們創新中察覺這種意義。概言之，所舉例畫家的成就，王己千現代水墨，意謂著中國文化處在美國當代創作生態的一種的「移位」意涵；趙春翔受到「抽象表現主義」強烈的影響，似法非法，更接近於當時流行的「壞畫」作風；曾佑和受到德國「超現實主義」畫家克利思想的影響〔註13〕，藉由「材質」語彙，超越時空與明末畫僧弘仁展開「對話」──他們並不以「後現代」口號標榜自己的藝術創新，而實際上作品特徵卻已顯現了跨越時空的「後現代」涵義。對臺灣畫家來說，這不只他們身處西方，印證西方思潮第一線的切身經

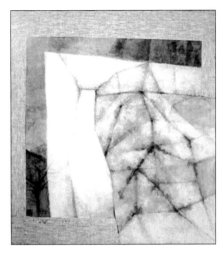

圖十四

曾佑和，〈取調弘仁〉，壓克力顏料、紙，100.5×90cm，1993。

驗，尤其，這些經驗背後無形的藝術思維與精神，提供了臺灣當代創作上無限「自由」與「可能」的前導與啓發。

這種因地制宜的轉變現象，就如同張大千到美國定居十年間（1968～1978），開創潑墨潑彩的作風，情況極爲相似。王己千與張大千兩位都是當代世界級的中國書畫家兼收藏家，而在藝術創作成就上，不墨守成規，也不盲從西方，同樣展現出融合東西藝術的眼界與胸襟，超越古典，開創現代，從任何角度來看，無不代表世紀水墨藝術造詣的高度，對當代歷史文化自有「本土化」傳承與「國際化」開創深遠的雙重啓示意義。

第二節 「後現代」臺灣水墨畫家

當「解嚴」遇上「後現代」藝術上的「解構」，創作思想獲得自在飛翔，時代潮流一方面考驗藝術家的應變機制，另一方面，藝術家各人內在自我解讀，並反映外在社會動脈，尋求解決創作命題。歷史上，臺灣的「後現代主義」是以歷史主義作爲論述的原型，這是一種文化「激進」與「保守」之爭──「後現代主義」與「現代主義」爭勝，而後來居上佔據當代社會文化地

〔註13〕同上註，受到保羅・克利繪畫的超現實、立體與表現主義等影響。

盤，主要即在於其能將「現代主義」論述成「保守主義」，而更將「現代主義」當初所攻擊的「傳統」收編爲開發的文化資源，而這些都成爲它創作的探樣借體。換言之，一切歷史故事內容都成爲創作上「顛覆」與「解構」的建設素材，可謂左右逢源，自圓其說。誠如一位學者所說：這無異是一條「從現代到後現代的創作之路」。〔註14〕

　　根據王秀雄所條列「後現代主義」的藝術特徵如下：

　　一、後現代主義是無主義之主義，反對現代主義的純粹視界性。

　　二、喜歡挪用其他風格或手法而把它結合。

　　三、製造出跨文化、多元文化的藝術，甚於現代主義的單一國家或單一文化的藝術表現。

　　四、後現代主義的這種多元與綜合性格，如同後結構主義的多元文本的綜合詮釋。〔註15〕

　　創作上，「後現代主義」藝術創作是允許論述「先行」或是「後設」，兩種方式並行不悖，水墨創作亦不例外。「後設」者則通常隨機應變，自行解讀與界定，任何立意都成立。它比起之前的「現代主義」更是可以任意揮灑，我行我素，可見藝術創作理念完全操控在我。從「方法論」的角度來說，「後現代主義」它無異是一個解構「現代主義」的主義，手法上大開個人自主創作的方便之門，跳過許多「現代主義」講求的筆墨等基本法則與要求，直接鬆綁，不計較工拙而側重「後設」用意，其自由程度已是無以復加了。

　　「後現代」藝術並不限於一般現代材質分類，包含或跨越其他媒材形式的，如複合媒材、裝置藝術、空間藝術，甚至公共藝術等。臺灣畫家以水墨本位思維創作的轉變，借鏡或效法西方流行主義，進行解構手法，逐步與「現代」水墨拉開差距，顯現「現代」與「後現代」作風前後交錯的特色者，當代前輩畫家顯著者如陳其寬、李奇茂、劉國松、羅芳等有之；中堅輩則時間上躬逢其盛，接納新奇，不乏其人；青壯輩進而衝破中西畫域界線，爲東方藝術崛起而發聲，躋身各個美術館爲新潮藝術角色，與當代「西畫」平起平坐，如姚瑞中、陳浚豪與華建強等藝術家。當代 E 世代青年悠遊於當代潮流中，更凸顯「後現代」水墨自然而然趨勢，其當代論述與創作將形成後續影

〔註14〕同註5，頁17。

〔註15〕同註5，頁5。

響之主力，頗值得關注。另外，「後現代」水墨畫家作品有時也涉獵複合媒材或裝置藝術領域，此一情況，顯示「後現代」時期創作自由多元的複雜情況，如李錫奇、袁金塔等。

　　臺灣藝術思維開放、多元並蓄的生態中，一味執著「自外入者，皆非家珍」的傳統文化態度已是少見，創作方式普遍自由自主。正如前述，就筆者蒐集資料與梳理「後現代」水墨畫家作品，不少個人的藝術風格往往前期是「現代」，而後期則創作跨域「後現代」表現，如解構主義、新表現主義、女性主義、「壞畫」等作風，有時也涵蓋複合媒材或裝置藝術的成份，此一情況，顯示後現代時期藝術創作自由不拘，當代藝術不易分類的現狀。

　　臺灣是「混合文化的社會」，現今學界視爲具有歷史與文化的高度價值。〔註16〕這場域無疑正適合「後現代」多元開放創作的成長。當代涉及「後現代」創作的水墨畫家甚多，並不限於水墨既有範圍，且當代藝術家涉獵「後現代」手法多元多變的，均難以歸類。而從創作立場而言，最終「後現代」不能僅停留於文字論述，任由其「不確定性」無限蔓延，必須思考如何轉化爲藝術創作的正面能量或方法，才能挹注創作最終之目的。

　　不由分說，任何藝術家創作的內心世界思想意涵，都是極其抽象而深邃，何況，界定任何藝術家「後現代」風格，都會因爲它的「不確定性」而見仁見智。本文無法細論，僅就蒐集資料與個人藝術創作經驗判斷，大致參酌本文第二章第三節島子所著《後現代主義藝術系譜》：以藝術美學的角度概括「後現代主義」之藝術特徵及其創作方法，以及美國後現代主義學者伊哈布‧哈桑與俄國學者維諾格之後現代二元論【對照表】，仔細推敲「後現代」風格形式，分辨具有顯明「後現代」作風或特色且與「現代」有所區隔者，抽樣論證當代水墨之一斑。

　　本文「後現代」一詞，即泛涉「後現代的」、「後現代性」或「後現代主義」思想作爲的綜合涵義。界定水墨創作風格名稱只稱之爲「後現代」水墨，而不稱「後現代水墨」或「後現代主義水墨」，因爲它本身也可能具有其他領域的因素並存其中。至於本文自擬的當代水墨「後現代」名稱，爲了方便理解，大多仍援引或參照西方既有的慣用名稱，對於這樣一個正在進行的當代主義，臺灣並無類似研究案例，目前姑且作此權宜之計──總計有九類，包

〔註16〕王秀雄，〈後殖民／後現代的台灣美術〉，《後殖民與後現代：台灣美術院院士第二屆大展》，財團法人台灣美術院文化藝術基金會出版，2012 年 5 月，頁 4。

括：解構水墨、新表現水墨、「壞畫」、複（混）媒水墨、裝置水墨、極限水墨（或科技符碼）、女性主義水墨、另類水墨、跨域水墨之書藝，以及學院派「後現代」青年水墨。當代水墨界策展關注「後現代」青年水墨這一環，目的就在凸顯其當代性特質與價值。〔註17〕

以下扼要論述所舉各類「後現代」水墨畫家創作風格之涵義與特色。

一、解構水墨（deconstruction）

解構主義既是一種理論，也是一種實踐，可以在理論層面上用於任何學科和文化產品的方法。解構主義代表人物德里達（Jacques Derrida，1930～）提出「延異」（differance）的說法，動搖已知的權威，主張意義從未十分完整地「存在於彼處」。解構主義在美國比歐洲更加廣為人知，並對人們所相信的美國文化歡迎新生事物、有差異的事物和文化多元主義產生響應。解構主義該術語本身在主流媒體中被非常廣泛地散播開來，幾乎超出了所有學術與藝術領域的應用，其用意可以解構「時尚」、「烹調術」等等。〔註18〕解構主義是臺灣當代藝術家中最常見的「後現代」創作手法，並且經常與其他方式搭配運用。

閻振瀛（1940～），美國楊百翰大學戲劇藝術與實用語言學博士，成功大學外文系教授，曾任文學院院長及藝術研究所創辦人兼首任所長。當代詩人、學者、戲劇家，同時也是一位具有開創性的畫家，他常以「胸無成竹」自喻。運用複合媒材、抽象表現主義，論述藝術與後者背景類似有幾分異曲同工之妙，隱然呈現呼應之勢。

羅青（1948～），本名羅青哲，輔大外文系，美國比較文學碩士，曾任師大語文中心主任。師承溥心畬山水畫法。1989 曾出版翻譯本《什麼是後現代主義》一書，是臺灣最先公開表明「後現代主義」創作身份，以論述先行的水墨畫家。他擅於援用後現代「拼貼」手法，將芥子園、民間圖騰、西洋畫法等彙集於一圖。近年，掌握當代社會信息與現實題材入畫，如椰子樹、柏油路、飛碟、星空符號等加以解構，兼顧筆墨造型意象，個人風格語言鮮明。

〔註17〕參考後現代水墨相關重要文獻如附錄。

〔註18〕維克多·泰勒（Victor E. Taylor）、查理斯·溫奎斯特（Charles E. Winquist）編，章燕、李自修譯，劉象愚校，《後現代主義百科全書》，吉林人民出版社，2007 年 6 月，頁 104、105。

　　李振明（1955～），臺灣師大教授，曾任師大美術系主任、院長。原先主攻設計，轉而追求新世代臺灣水墨願景，思索與嘗試後文人彩墨創新作風。「後現代」的「拼湊」、「錯位」法則之下，解構了已經熟悉的魚鳥、花卉、佛頭等水墨符語，自主錯置物與物之間的常態結構，使之並列同一畫面，削弱彼此此空間關係與透視消失點，而無礙於觀看者之欣賞與理解。重新建構了物與物畫面空間，取代慣見的有機整體，強調後設概念，以詮釋符碼語言的意義——這正好應證在 2012 年的四連屏大作〈裂斷・延異〉中所要凸顯的「後現代」水墨創作理念。〔註19〕（圖十五）

　　呂坤和（1955～），臺灣師大博士，中國科技大學助理教授，金門文化局局長。曾運用壓克力重彩呈現臺灣橫貫公路山水之厚實感。以人物影像複製與峽谷拼貼方式，呈現複合視點，時空錯置的結構，以寓原始生態之隱憂。（圖十六）

圖十五	圖十六

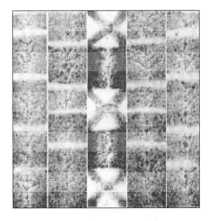 

李振明，〈裂斷・延異〉， 237×47cm×5，2012。	呂坤和，〈山的子民〉，壓克力、彩墨， 69×92cm，2009。

　　洪顯超（1962～2010），臺灣師大教授，曾任台南大學美術系主任。原先擅長鄉土寫生風格，描繪海邊風林氣象。後期則改變創作理念，主觀解構畫面視覺空間，顛覆了一般山水結構意象，分割山林符號，猶如置於玄虛太空中的一座天空之城，另類觀看的視角，似乎隱喻大宇宙中星球分裂的奧祕涵

〔註19〕 「延異」：differance，是「後現代主義」之中德里達「解構主義」自創的核心理論。參考前註，頁 104。

義。（圖十七）

陳炳宏（1966～），台藝大博士，台藝大副教授。現代人物畫：生之慾生命意象水墨人物筆墨造型熟練，嬰兒與老人組合拼貼於自然風景中，以喻人間生命無常「視亦無識」的境界。

潘信華（1966～），個人主觀混搭的矯飾造形符碼，結合自製的染色仿古宣紙，刻意鋪排畫面上曖昧而綺麗的化外視域，傳達一種疏遠與神秘的自我彩繪語言，將古典與現代的審美風格融合一體。（圖十八）

圖十七

洪顯超，〈意象山水〉，180×180。

圖十八

潘信華，〈當時明月在〉，120×185cm，2010。

蕭巨昇（1966～），南京藝術學院博士。以工筆技法描繪古代與現代人物，圖文符號「並置」的手法，渲染朦朧色調，使畫面呈現古今交錯的幻覺意境。（圖十九）

二、新表現水墨（new-expressionism）

「新表現主義」一度出現在1982年描述德國與義大利藝術，還被納入超前衛的

圖十九

蕭巨昇，〈神兵火急如律令〉（局部），93×183cm，2010。

陣營中。「新表現主義」內容與形式來源很廣，舉凡時事新聞、虛擬夢境、古典神話、情色小說等包羅萬象，強調其繪畫動勢、寓言與激烈的情感。它背離了藝術訓練的既定模式，轉而回溯現代與現代主義之前的藝術尋找靈感，揚棄「極限主義」的高蹈，與「概念藝術」的冷漠。「新表現主義」因為它的巨大改觀，代表了一種從現代主義走向後現代主義的時代性轉換。〔註20〕

鄭福成（1954～），臺灣師大碩士。「新表現主義」的彩墨風格，擅長自由隨意的塗鴉式繪畫符號，色調隨著主題而變，畫面中結構厚實的山水符號，蟲魚鳥獸表達猶如人一生的無盡欲望，意謂小我生命輪迴的傾訴與體認。他沉潛

圖二十

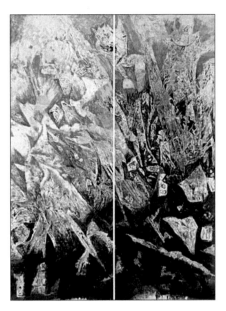

鄭福成，〈紅塵萬象〉，
240×180cm，2008。

創造，反映當代思潮中的藝術語言特色，幾乎將創作當成修行與寄託，風格背後寄託一種深刻暗喻的時代意涵。（圖二十）

程代勒（1957～），臺灣師大教授、系主任、博士。深厚書、畫、印功夫底蘊，始終是經營創作的主要元素。近期創作方向與一般現代的文人畫迥異其趣，完全解構了傳統書、畫、印三者合一的文靜優雅的情調，自由揮灑內心狂熱無比的情感，可謂顛覆了藝術史長久以來文人畫陳規，書畫印三者功夫而能「筆墨當隨時代」，敢於逆向操作，挑戰當代精神與特色者。處在傳統與現代拉鋸之際，此一「新表現主義」的水墨開創風格，綻放個人嶄新的詮釋意義，實非一般文人畫家所能想見，亦稱「後文人畫」。（圖廿一）

盧福壽（1955～），高雄師大教授。運用重墨破筆的草書意趣，解構傳統筆墨形式「擬態山水」的交錯畫面，傳達一種後文人主觀意趣的創作意象。

李明則（1957～），出生於高雄，非美術學院派出身。主題內容採用多點構成，以壓克力色料平塗個人鮮明的造型符號，隨興組構內容，樸拙詼諧，反映當代平民社會眾生相或歷史故事，是一位代表南臺灣素人畫意的浮世繪

〔註20〕　島子，《後現代主義藝術系譜》，重慶出版社，2007年1月，頁440、441。

畫家。

白丰中（1959～），文化大學、中央美院高研班畢業。擅長彩繪花卉主題，摒棄一般工筆鉤描畫法，改以率筆平塗作畫，使造型構圖「扁平化」，用筆俐落，彩墨鮮豔，畫面洋溢亮麗活潑的現實裝飾趣味。（圖廿二）

圖廿一

圖廿二

程代勒，〈寒峭千尺拂白雲〉，
彩墨紙本，136×69cm，2008。

白丰中，〈飛霜高節迎幸〉，
彩墨、宣紙，180×96cm，2005。

三、「壞」畫（"bad" painting）

這是「新表現主義」或「抽象表現主義」其中的一種作風，感覺上似乎消極頹廢。漠視一般繪畫功夫追求的審美法則或意涵，畫法蓄意不求優美，不加設色，以荒率隨意、粗服亂髮方式凸顯主觀醜態特質，潛藏某種反社會意識。「壞」——是理論上的形容用詞，並非畫不好的意思，在此，「壞」被

視爲是一種後現代的審美主張，某方面與東方禪意有關。

周于棟（1950～），文大畢業，旅澳藝術家。他認爲心靈自由是人生最高的價值，不拘形式地在生活實踐，並展現出社會實用而深刻的自然生命理念，依此激盪爲各式藝術創作觀如水墨、雕塑與裝置藝術等。2012 年發表「牽纏書」——以如狂草書般的濃淡亂筆，思辨無形與有形，它自稱藝術是在一種自由禪意欣賞狀態下完成意義。

倪再沁（1955～2015），文化大學碩士，東海大學教授，曾任臺灣美術館館長，同時身兼藝評家的水墨畫家。他認同本土人文意識，撰文批判美術主體性，出書引發論戰。其水墨創作實踐之代表作〈失落的山河〉，即感發於 1999 年臺灣大地震慘狀而作。畫面上一片湛黑筆調的茂密山林，以撕裂畫面形成「白線」表示土石流「走山」，充分表達對土地嚴重災害的關懷意識。

李茂成（1954～），文大畢業，喜好畫面一大片荒率筆觸結構的山景，畫面作風近似「抽象表現主義」趣味，「他者」意圖含混，使其被當做一個等待被賦予內容與意義的未知視域。

于彭（1955～2014），一位非學院派出身的職業畫家，畫如其人，以塗鴉式創作隨意構成山水與裸女等，一派自怡消遣，自謂頹廢「不以爲佳」而自成一家。論述上，可稱之爲臺灣「後現代文人畫家」的一個特例。（圖廿三）

圖廿三

于彭，〈慾望山水系列〉，42×152cm，2009。

四、複媒水墨（mix-media）

李文謙（1938～），廣州出生，臺灣師大畢業，長久旅居巴黎的藝術家，近年返台客座於嘉義大學、臺灣師大美術系。2010 年發表〈人與獸〉系列作品，介於「表現主義」與「超現實主義」之間——他抱持人道主義的情懷，

運用簡潔「白描」如刻刀一般地刻劃人與
獸面貌的真實尊嚴，畫面下裱襯著剪貼的
舊報紙，隱約透露著主角滄桑往事，有如
被漂白過的零碎痕跡。綜合運用書畫、剪
貼、裱褙等元素於畫布上，結合具象筆法
與抽象符碼，運用蒙太奇並置手法，創造
了雙重空間與時間的「後現代」個人作
風。〔註21〕（圖廿四）

圖廿四

李文謙，〈人與獸〉系列，油畫布，
中國墨，宣紙棉紙，綜合媒材，
53×45.5cm，2010。

洪根深（1946〜），臺灣師大畢業，高
雄師大教授退休。水墨創作基本理念在於
「去精緻」、「去優雅」，摒棄傳統品味，反
映現實況味。他陰鬱且鄉野不拘的性格，
探討社會壓力下的苦悶情境，解構現代水
墨符碼，以近乎抽象結構的藝術語言，呈
現粗狂繁複而濃重的強烈特質。他超乎現
實的「新表現主義」風格背後，一直隱藏著現實人文關懷的溫度，形成他創
作持續的驅使力量。創作橫式十四公尺的水墨巨構〈現代‧人性‧生命〉十
足地宣示了他堅定打拼的不渝初衷〔註22〕。（圖廿五）

圖廿五

洪根深，〈現代‧人性‧生命〉（局部），178×1432cm，1983。

〔註21〕 曾長生，〈從巖山到人獸之間──探李文謙的不東不西不象畫〉，《人及天‧人
　　　　與獸》，月臨畫廊，2010年5月，頁36〜38。
〔註22〕 同註11，頁85。

陳朝寶（1948～），臺灣藝大畢業，旅居巴黎十九年。赴法國之前從事報社漫畫，歷練卡漫畫法與造型能力。浪漫自由的現代巴黎創作環境中，擅於捕捉「人物」百態的他，擷取東方壁畫材質效果以及「立體派」形式，在主觀解構的經營下，呈現重彩複合式的繽紛畫面，常給人詼諧、嬉謔而浪漫的氛圍。他顛覆了水墨講求清新淡雅的審美標準，赤子性格使他敢於突破，始終駕馭漫畫造型與趣味，而開創個人強烈的水墨風格，成為當代臺灣首見例子。〔註23〕「檳榔西施」是臺灣當代社會通俗情色文化的特殊產物，經過他誇張變形的媚俗姿態，令人莞爾。（圖廿六）

圖廿六

陳朝寶，〈搔首弄姿〉，複合媒材，
100×80cm，2008。

郭博州（1960～），紐約市立大學藝術碩士，臺北教育大學教授、院長。運用壓克力、抽象水墨、書法效果宣紙與畫布裱貼、再製創作，曾經以「大處落墨」、「知白守黑」「沈醉東風」、「墨浪」等東方藝術思維為導向創作，展現當代複合媒材的「後現代」靈動的創作精神。

王家農（1960～），混合運用多種媒材，強調畫面結構斑駁肌理，風格墨趣灰冷晦澀，隱喻「後現代」當代一種封閉沈鬱的心境。

林銓居（1963～），文化大學畢業，中國藝術研究院藝術史碩士結業，美國 Goddard College 跨領域藝術碩士，曾任教東海大學。他創作種類多樣化——新表現主義繪畫、複合媒材、水墨漫畫、地景藝術等。

五、裝置水墨（installation art）

藝評兼策展人王家驥指出：

> 1990 年代邁入了一個不折不扣的解構體制與顛覆傳統的過渡階段。無限上綱的「個人主義」、「人心思變」，乃至於「為反對而反對」的心態，在在都是 1990 年代臺灣社會的特色。其次，隨著政治、社

〔註23〕潘襎，〈抒情的立體主義——陳朝寶的影像世界〉，《臺灣名家》，香柏樹文化科技股份有限公司，2010 年 3 月，頁 5～8。

會與社會生態的巨大改變，藝術家再也無法以舊的藝術語言及形式，來與這個嶄新的局勢對話。……爲了凸顯自身的主體意識，許多藝術家──尤其是年輕世代──甚至認爲繪畫與雕塑再也不能滿足他們的創作表現企圖，……轉而擁抱與投入表現空間看似寬大的「裝置藝術」創作行列。〔註24〕

以上所述，正說明爲何藝術家要以新的創作語言形式與時代對話的眞實原因。多元價值的觀念，與開放創作的環境中，裝置藝術的確具有廣大的空間可供任何藝術家一試身手，對水墨畫家而言，在不滿足於只是從事平面繪畫之餘，進而涉及跨領域的創作，這種兼擅多樣的跨域創作身份，儼然被視爲「當代」創作的一種獨特能耐，或是自我品牌，甚至可以當成某種宣傳策略。

九〇年代開始迄今，當代藝術家一方面享受著便捷的消費文明及流行浪潮，一方面迎接著無遠弗屆的全球網路科技和資訊衝擊，錄影、電腦、網路等數位媒體被大量地應用於當代創作。……跨媒材實驗及跨領域整合之當代藝術將創作視野開放，跨越個人主義、原創前衛的迷思，而尋求一種與社會、企業緊密的合作可能。〔註25〕

當「國際化」趨勢引領時代關注，使科技資訊成爲製造龐大財富的媒介工具，突破時空界限，其效率快速便利無遠弗屆，鉅細靡遺，科技藝術作爲當代流行的主體，積極地結合各種大規模的活動以創造更大的經濟效益，實難以估計。前年，上海博覽會運用電腦科技製作動畫式的《清明上河圖》公開展覽，造成海峽兩岸的轟動，成功地獲得的龐大商業利益，即是最近一個非常給力例子。

裝置藝術與科技結合，內容能擴展到各類大型綜藝活動之中，藉由政治、商業、宗教、公益、節慶等主題名義，在室外展演或社會運動上，可以發揮極大的影響層面，是遠非一般平面藝術能及。例如發揮於工商博覽會，增加藝術氣息。

袁金塔（1949～），留美碩士，臺灣師大教授退休。擅長掌握當代社會議題，靈活運用創作媒材與技巧，以水墨創作風格多變著稱，跨足平面繪畫、

〔註24〕 王家驥，〈以裝置藝術之名書寫臺灣〉，《臺灣裝置藝術 since 1991～2001》，臺北：木馬文化，2002 年，頁 8。

〔註25〕 賴瑛瑛，〈複合媒體藝術〉，《臺灣現代美術大系》，臺北：藝術家，2004 年，頁 14。

裝置藝術、塗鴉、陶畫、手工紙等藝術領域。藝術創作多面相，涉入政治、社會議題等，運用影印複製女體，塗上「貓」臉部特徵，暗喻情色含意。裝置藝術——例如取材「廁所文化」，擺出小便器與滿牆塗鴉的掛軸，發揮嘲諷的本事，作為水墨裝置方式發表，極盡聳動視聽之能事。他求新求變充分扮演自由開放的藝術家角色，是忠實擁護「後現代」思潮的前衛藝術家之一。（圖廿七）

圖廿七

袁金塔，〈政治遊戲〉，陶瓷畫裝置，2003。

圖廿八

莊連東，〈通透鏡觀〉，水墨裝置，2010。

張永村（1957～），臺灣師大畢業。以水墨裝置藝術著名，亦涉足公共藝術。採用許多長卷撥灑墨汁呈現斑駁狀態，聚集長卷，披掛落地作為空間裝置，或裝進透明壓克力板組構成一大件作品，整體展示以量大取勝，令人眼睛一亮。他捨棄水墨傳承文化意涵，以水墨材質自製獨特「形式」作為創新策略，改變了一般人水墨藝術的認知概念。

莊連東（1964～），臺灣師大教授、博士。紮實的學院基礎，創作手法靈活多變。除了描寫自然生態環境關懷系列之外，他致力於水墨複合媒材的多元探索，2007年個人畫展《圖像演繹》中特別著力的〈點將集〉，並列九件「蜘蛛」為一主題，包括演繹、出繭、裂解、異化、錯應、消融、隱逝、移置等八個子題。2010年，他更進一步發表這個主題的裝置形式，創作〈通透靜觀〉水墨裝置藝術。西方當代藝術方式在他手中誠然運用自如，如此積極開拓的創作觀念，意味著臺灣學院派中青一輩水墨的一種新走向。（圖廿八）

六、極限水墨（minimalism）

　　「極限主義」雖不屬於後現代主義，而是現代主義藝術的終結點與轉捩點。全然發展於美國的「極限主義」，喻指在於減化藝術的基本質層面，直至集合抽象的骨架般的本質。在繪畫上，排除具象的圖像與虛幻的畫面空間，而偏向純粹單一的圖像，經常涵括以格子狀安排的小單位元素，傾向於數理性規律，簡約而嚴謹的幾何構圖。〔註26〕極簡化、扁平化的量化作法傾向後現代的反技巧。

　　許雨仁（1951～），自由潛意識「反加為減」、「離形去智」的方式下，以極簡的水墨筆觸畫山石「留骨」取代「留白」，大片留白的空虛畫面，無聲勝有聲。

　　王源東（1960～），嘉義大學教授。執著石雕佛像主題，以水墨筆尖「點」刻劃木魚立體感，虛擬民間信仰的「金銀紙」符號，以單一極限方式傳達一種矯飾的信仰象徵狀態。

　　陳建發（1964～），台南大學副教授，台師大博士。荷花以細緻工筆畫法表現主題，扁平化壓縮空間感與色調，富於設計感的構成畫面，呈現一種高度孤立而壓抑情感的氛圍。（圖廿九）

　　黃致揚（1965～），絕對主觀個人圖騰式的「符碼」形式，黃致揚即是其中一位當代藝術家，他擅長製造難以解讀的視覺構成效果。除平面繪畫之外，他早以水墨裝置藝術出名，整個空間裡如儀式般懸吊多重白布掛帳，自創畫面一種絕對主觀的筆墨畫法，奇形怪狀的人體，造型詭異如殭屍或異形一般。刻意營造令人無法名狀的「產房」、「拜根黨」等虛擬圖騰，造成觀賞者視覺上無比衝擊與震撼。

　　李君毅（1965～），博士、臺灣師大助理教授。是一位風格鮮明的「極限

圖廿九

陳建發，〈懸浮〉，130×130cm，2010。

〔註26〕同註17，頁432、433。

主義」水墨藝術家，自製小方塊軟木塞沾墨替代筆，機械式拓出如磁磚表面排列的隱約形象，此主題圖案如網點般單一符號組合的視覺效果。完全取代一般筆墨韻味，猶如「手工印刷」的版畫作風。（圖三十）

圖三十

李君毅，〈左右逢源〉，13×92cm，1992。

葉宗和（1969～），南華大學教授。將寫實的蝴蝶分割，拼貼滿版畫面，命名為〈喋喋不休〉：轉換繪畫符號原有「能指」與「所指」的象徵意思。

七、女性主義水墨（feminist art）

西方「女性主義」早期尋求的是「無性別」的藝術，以便與男性主流藝術之中競爭。經過「主流不再是中性」的反文化潮流之後，「女性主義」藝術作品抬頭，紛紛提出「女性主義」議題，藝術家同時質疑與挑戰：女性表達出決定女性生物性本體的特色，出現自傳式、儀式、觀念與異議傾向的各種媒介創作。後現代「女性主義」則是一種寬泛的探討藝術的方式，運用敘述、自傳、裝飾、儀式、工藝即藝術，以及通俗文化等形式，加入並推動了後現代主義的發展。〔註27〕

袁旃（1941～），臺灣師大畢業，留學國外碩士。服務臺北故宮三十二年之後，開始專注於女性特質的藝術創作。她轉化中國傳統金碧青綠山水的符號文本，解構成為現代清麗優雅的裝飾趣味，呈現虛擬化境的反現實精神。從歷史圖像風景重新建構的新傳統，給人既遙遠又親切之游離時空感。古典與現代交換，符號與情境的「移位」、「拼貼」，為悠遠的水墨疆土再造一座現代人的夢幻與炫麗的心靈花園。

聶蕙雲（1965～），華梵大學助理教授。運用工筆重彩與泥金材料，描繪仕女、花鳥、觀音符號等「後時空」設計意味的主題內容，並以數位輸出設計花布紋飾涉入文化創意產業。畫風細緻華麗混搭，呈現自性靜觀的當代女

〔註27〕同註17，頁342～346。

性文化底蘊與生命觀照。

　　黃淑卿（1962～），臺灣師大博士，大同大學助理教授。水墨白描的臥姿女體結合版畫壓印的原住民母性信仰圖騰，解構原始與人體的符碼空間，畫面時空虛實交錯，隱喻一種原始生命超現實的儀式似的神秘感。（圖卅一）

圖卅一

黃淑卿，〈原欲〉，水墨版畫，70×135cm，2007。

　　孫翼華（1970～），臺灣師大博士，臺師大助理教授。探討當代女性主義的陰柔審美語境與趣味。工筆水墨與膠彩混合運用，暈染氣氛，解構女性羅衫水中虛幻的臨場感，隱喻女性主體意識如夢似幻的心境。（圖卅二）

八、另類「水墨」
（alternative-inkpainting）

　　這一類創作是僅「借用」水墨視覺的審美經驗發揮於其他材質之上，而近乎水墨筆墨材質效果，產生另外一種類似與虛擬的「水墨」趣味特色，具有個人鮮明獨特的意涵。這些跨領域或材質的創作，作風特色顯然傾向或取之「水墨精神」作為標竿，雖然不按牌理出牌，但就「後現代主義」多元並容的廣義界定而言，論述上，可歸之為另類「水墨」的領域。

圖卅二

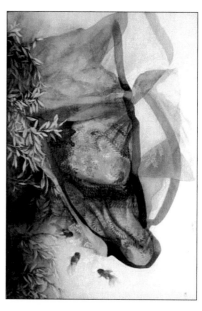

孫翼華，〈入幕〉，彩墨，
90×62cm，2008。

　　郎靜山（1892～1995），中國新聞史上第一位攝影記者，善於運用暗房技巧，開創「組構」山水畫意境作為攝影表現方式而著名。〈禪意之山〉2009年郎靜山攝影展現了一生七種不同的經典手法。

　　胡宏述（1935～），海外建築師兼畫家，創作嚮往水墨超逸的境界，以油

畫黑色顏料混合溶劑，整幅筆意縱橫，潑灑畫布，渾然一體，宛如雲煙流動，山水畫氤氳超乎塵俗的意境。類似作風，後有嚴雋泰（1936～）等。

鄭政煌（1967～），〈窺天〉系列作品，運用「混搭」並置寓言圖騰的創意手法。佛教思想主題搭配木刻刀痕的效果，「亦畫亦刻」的凹凸虛實互換的空間關係，使觀者視覺進行雙重感受與思辨，醞釀異質文化的和諧語境。跳脫東西方理念技術與個人審美，不拘陳規的木刻版畫，其「類水墨」具有互換襯托的模糊意義，打破了「現代」的藩籬而具有鮮明的「後現代」特色。（圖卅三）

姚瑞中（1969～），是一位多方位的當代社會藝術家，創作方式包含平面繪畫與裝置藝術等多元多變，且創作與論述並行。《萬歲山水》個展，採用手工紙、細字筆精密描繪與貼金箔等技巧，「解構」中國繪畫傳統山水符號內容，以操作仿古、造古等手法，山水之中隱藏兩岸政治社會議題，企圖表達歷史「大敘述」，穿越時空，挑動議題，運用連屏裝飾風格特色，披露「後現代」顛覆、詼諧有趣的獨特當代性。（圖卅四）

圖卅三

鄭政煌，〈窺天——不識本心學佛無益〉，水墨木刻，122×80cm，2008。

圖卅四

姚瑞中，〈萬歲山水上下卷（臨吳彬「山陰道上圖卷」局部）〉（細節），手工紙本設色、金箔，195×2850cm（38拼），2012。

陳浚豪（1971～），〈蚊釘山水〉創作，借中國古代歷史名畫為稿本，如范寬、郭熙、李唐等，運用釘槍一針針釘於巨幅畫布，密密麻麻組成巨大名畫「影像」，產生仿真的虛擬視覺效果。此異類手法無疑背離、扞格水墨傳統意義，借歷史名畫「借屍還魂」，乃是挑戰當代水墨本位論述，本身即是「後現代」藝術創作精神之極致。（圖卅五）

圖卅五

陳浚豪，〈仿谿山行旅圖〉，
蚊釘山水，2013。澳洲白兔美術館藏。

九、跨域水墨之書藝
（cross-domain）

在中國歷史文化脈絡上，書法與水墨本是同根生的藝術。但是今日，當書法創作中的「水墨」工具材料，被視為一種「材質特性」的藝術語言而操作，因而造成跨域「書法」與「水墨」兩者意象融合的「後現代」的創新——通常以西方「抽象表現主義」、「空間裝置藝術」的借體、移位等方式跨越材質界線，解構一般書寫法則與形式，宣示一種「後現代」意味的水墨新意象與特色，甚至跨界設計、建築或空間裝置，或結合文化創意產業等。當代書法藝術家涉入「後現代」理念創作而著稱者，列舉如下。

董陽孜（1942～）〈無聲的樂章〉系列作品解構文字書寫章法，分割畫面的抽象趣味，或配合建築、音樂演出、公共藝術等跨界合作，造成熱鬧的視聽對話的「後現代」意涵。其近期主要展出：2008 年董陽孜書法與建築空間對話，臺北市立美術館；2011 年無聲的樂章有聲的書法，華山文化特區；2012年高雄市立美術館，「城市門戶美術館園區公共藝術」。創作手法混合跨界，可見一斑。

徐永進（1951～），以特大毛筆塗寫狂草巨幅取勝，時與音樂配合如表演藝術一般。

黃一鳴（1952～），2015 年以《碑帖映像》為名，關注意象與抽象之「書畫墨」，揮灑當代東方抽象表現趣味之書藝造化。（圖卅六）

圖卅六

黃一鳴，〈經霜彌茂〉，142×90cm×52，2015。

　　陳宗琛（1959～2013），醉心狂草路線，至法無法，巨幅錯亂飆潑，筆勢氣魄撼人。

　　黃智陽（1966～），中國美院書法博士，華梵大學教授。學藝雙修，研理創意，追求當代書畫跨域構成之多貌書藝。（圖卅七）以上中堅輩之創新書藝亦可稱之為「新表現主義」。至於臺灣當代青壯輩之書藝者，因為多具學院派美術條件而順乎當代趨勢創新者，自不在少數。

圖卅七

黃智陽，〈粉紅潮〉，96×180cm，2010。

十、「後現代」青年水墨（學院派）

　　一批八○、九○年代學院派出身的年輕水墨畫家，成長於自由多元的藝術環境，接受當代藝術創作觀念的衝擊與洗禮，自主游走於「後現代」的創作方式，視爲理所當然，眞可謂琳琅滿目。但是，檯面上大多籠統概括在「現代主義」之中，眞正就「後現代主義」思想理論加以觀察評論的文章則寥寥可數。當社會風氣越自由開放，個人意識即會越加高漲；當門派流風勢力相對逐漸弱化之際，藝術路線就會越加寬鬆，彼此創作手法隨之混搭融合，其突破範疇不斷擴大。年輕世代畫家創作的趨勢──創作與研究同時並進──就年輕藝術家來說，大學之後進入他校研究所繼續鑽研，這種自我精進，轉益多師的現象，正意謂著當代創作思想、方法彼此吸收交流，逐漸趨向一種風格樣式大雜燴般的「後現代」趨勢。水墨創作在這一波青年藝術家身上可謂體現無遺──藝術多元價值的重新解構，學院或師門的風格符號變得模糊難辨的地步，顯見其激烈程度已超過之前現代水墨的情況，在在說明了當前這種「後現代」情境比比皆是。

　　年輕世代藝術家所關注的，不再侷限於既有的藝術主題或法則，樂於援引當代社會與個人各種現實生活議題入畫，「水墨」概念界定「去中心」，與其他藝術媒材領域越界、混搭、挪用等各種手法不時出現，以往現代主義訴求的一致性與精緻化通則早被瓦解，創作手法順勢超出既定思維，進而涉及相關的美學、社會學、心理學與人類學等思想範疇來詮釋自己創作意義。學院主張透過這種藝術創作的「學術論述」方式，試圖「解構」以往藝術模式與法則，以利各自維護個人的創作主張並做爲展覽與宣示的「說帖」，此一作法，可視爲當代學術與藝術碰撞之下的結果。

　　臺灣當代的「後現代」水墨之外，尚有許多面相共存並容，如抽象水墨、鄉土寫生、文人寫意，以及受其他思想啓發的水墨畫風，可說是各自發揮，百家爭鳴。這些現實使「後現代」創作運用上得以借題發揮，而助長「後現代」無入不自得的氣勢並不斷擴張其版圖。這股當代創作能量的持續積累，可以預期，將引領今後臺灣水墨藝術發展趨勢與方向。

　　以下所列舉的「後現代」年輕畫家，乃依據筆者經驗與資料等基準判斷而來。筆者覺察，現實整體生態「現代」與「後現代」兩者彼此自由並存所致，因此自然造成解讀判斷上的灰色地帶。因此，這些「後現代」作品中，仍然存在與「現代」界定意義混淆疑慮之處，而這也是後現代的時下徵象。

據此後設，未來世代毋寧預示「後現代」氣息將全面籠罩。在此僅略述風格如下。

　　黃柏皓：以刻畫孤立龐克頭，隱喻內心宇宙之符碼，如「極限主義」。
　　　　　（圖卅八）

　　左元華：揮灑自如，巨幅拓染技巧與肌理張力之「抽象表現主義」。（圖
　　　　　卅九）

　　林志明：畫布上以平行窗格解構山水符號的「另類水墨」。（圖四十）

圖卅八　　　　　　　　　　　　圖卅九

黃柏皓，〈小宇宙系列——龐克
頭 8〉，112×194cm，2008。

圖四十

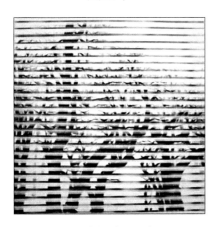

林志明，〈林間〉，壓克力、
畫布，90×90cm，2009。

左元華，〈非花〉，水干顏料、宣紙，
195×100cm，2009。

陶綱：剪貼攝影輸出的小紙人，解構水墨程式的夢幻景象。

楊夢超：「解構」當代社會浮世繪人物，誇張如「新表現主義」。

潘羽佑：人物空間筆墨變形符號的「後人文」意象。

彭羽璿：宣紙輸出捷運人物影像後筆墨加工，使群像實幻交疊。

劉馨文：萬花筒的結構，繽紛絢麗的「新表現主義」。

楊雅淇：特殊材質與重彩，交織色彩迷眩繁華景象，象徵當今社會多元
　　　　交合樣貌之「新表現主義」。（圖四十一）

（以上為臺北藝大出身）

圖四十一

楊雅淇，〈夢時代〉，膠彩、雷射彈性布，134×210cm，2008。

華建強：北藝大碩士，臺灣師大博士，擅長卡漫重彩畫造型，隱喻社會
　　　　話題之「新表現主義」。（圖四十二）

林政榮：凸顯都市情慾議題，以古諷今，暗喻現在都會人們的情慾。（圖
　　　　四十三）

許維穎：北藝大碩士，臺灣師大博士，刻描銀箔紙與墨線的「女性主義」
　　　　當代水墨。

清水峰子：膠彩與金泥並用，圖案設計篆書意象的當代書藝創作。（圖四
　　　　十四）

黃昱斌：「豔俗」、「情色」流行文化符碼之解構與建構。（圖四十五）

蔡承翰：書法與積墨交疊嘲諷當下政治人物之「新表現主義」。（圖四十
　　　　六）

許君瑋：日常生活中人與斑馬的角色虛擬混搭互換之「後現代」特徵。
　　　　（圖四十七）

林洪錢：撲克牌等實物與工筆繪製並置的「普普藝術」。（圖四十八）

圖四十二

華建強，〈成年禮──花都凱子門〉，壓克力、畫布，60×134cm，2009。

圖四十三

林政榮，〈慾公車〉，紙本、水墨設色，248×391cm，2009。

圖四十四

清水峰子，〈京都人在台北〉，墨、膠彩、
金泥、蟬翼宣，90×90cm，2015。

圖四十五

黃昱斌，〈肉體饗宴〉，棉紙、壓克力
膠彩、墨，90×90cm，2008。

圖四十六

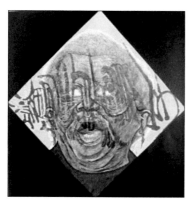

蔡承翰，〈嘴炮王臺灣之子〉，
水墨紙本設色，90×90cm，2009。

圖四十七

許君瑋，〈獸形人：交混〉（局部），
水墨裱貼，91×333cm，2009。

林威丞：蜥龍與數位符碼多元混搭，超現實虛擬的神話風格。（圖四十
　　　　九）

遊雯迪：「解構」古典人物造型賦色，當代超現實之工筆畫。

吳瓊娟：自動技法涉入古典與現代生活時空的混搭寓境。

劉國興：電腦抽象符號構成「電腦水墨」，或「裝置藝術」。（圖五十）

鄒永喜：宣紙輸出後筆墨加工，「反諷」當今社會人物事件。

　　（以上為臺灣師大出身）

圖四十八

林洪錢，〈聖甲·蟲〉，
139×73cm，2014。

圖四十九

林威丞，〈探幽微〉，彩墨紙本、
銀箔，80×90cm，2012。

圖五十

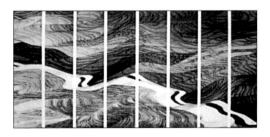

劉國興，〈活水〉，電腦水墨系列、丙烯、
紙本，100×25cm×8，2002。

　　此外，青年水墨作品還有非常多混雜「現代」的「後現代」特徵，都屬
於廣義的後現代風格。如羅睿琳〈安住〉、曾雍甯〈心象世界〉、黃郁雯〈清
明上河圖臺灣現代版〉、黃千倫〈覺得不太妙〉、柯偉國〈難解的簡單關係〉
等等，真是不勝枚舉。

第六章　臺灣「後現代」觀察：水墨的
　　　　本土化與國際化

在社會的劇變下，短暫性的訊息不斷襲擾人類的感覺，新奇性的事物不斷撞擊人類的認知能力，而多樣化的選擇則不斷攪亂人類的判斷能力。當人類無法適應這三股聯袂而來的變動刺激時，便導致了變動的疾病：未來的衝擊。〔註1〕

若參照此一國際著名社會學者艾文・托佛勒（Alvin Toffler，1928～）說法，顯然，這是臺灣「後現代」社會的當下寫照。藝術「永恆性」已經死亡，代之而起的盡是「短暫性」、「新奇性」與「多樣性」的事物。這種情勢之下，由希望與頹廢、創造與毀滅、自主與徬徨所形成之尖銳又強烈的對比，正衝擊著這個時代的每位藝術家，社會的劇變無不造成未來的集體焦慮。對臺灣殖民屬性的宿命而言，長久外來各種各樣的文化衝擊早已逆來順受，碰撞衝擊，與西方此一社會論調若合符節。

八〇年代中期臺灣社會解嚴之後，藝術新興的「後現代」與「現代」交迭混淆。本土主義表面上開始退潮，但是「本土意識」或「臺灣水墨」，卻與全球化席捲而來的「國際化」問題同時受到關注，經常相提並論，於是臺灣當代浮現「本土化」與「國際化」孰輕孰重，何去何從，成為相對討論的議題。在時間上，「本土」之於「臺灣」，「國際化」之於「現代化」似乎被視為同義字。但是，多元開放社會中簡單二分法，並未能釐清此一錯綜複雜的問

〔註1〕　蔡伸章譯，艾文・托佛勒，《未來的衝擊》，時報文化，1994 年 6 月。

題。表面上，藝術家感性情懷堅持與理論家學術論析立場不同，唇槍舌戰，此起彼落，產生一連串筆戰的論辯紀錄。〔註2〕其實，西方「後現代」思想顛覆、解構當代水墨思維方式，造成多元分歧才是起因，但其蘊含「自由」與「可能性」的積極作用，激發水墨藝術的開創精神，竟不受人關注。這是筆者提筆撰文論述的動機。

第一節　本土：一種多元的文化主義

　　從學理角度觀察，可以瞭解「本土」的實質涵義，並非拘限於個人小我，狹義的「鄉土」景觀符號，乃包含對於歷史、社會、文化等廣義的「本土」範疇的精神體認與意涵。「本土」不是故步自封的疆土，而是清醒流動的意識。「本土」運動有兩種，一是向後看的「返回適應」——維護主文化，排斥外來的客文化；另一是向前看的「吸收整合」——透過新舊文化價值整合而調適進步。如是，自古以來「自外入者，皆非家珍」的傳承觀念已不符時代趨勢，有待重新審視。

　　臺灣「本土意識」指涉一種多元文化體系發展的自覺，即使抗衡外來世界思潮，這種自覺意識使理性對待自己文化主體的正面發展。當強調「本土化」，也須要同步調整其視角，折衷觀念價值，以迎向「現代化」的理想，而它的修正或確立有時不排除經由「國際化」這個相對觀念而來。所以，具有前瞻的藝術「本土化」其實與現代化的「國際化」並沒有絕對的衝突。

　　當反思文化主體時，無法忽視臺灣歷史縱向「後殖民」文化的潛在影響——本土思潮促動藝術朝向在地關懷，消融現代化和外來勢力，從中得到鄉土的慰藉。臺灣「本土」水墨藝術曾經被寫實主義所籠罩，導致本身漸漸自我窄化。那些標舉「本土」的風土民情、廟會節慶等外在形式之外，更重要的是藝術本身內部永不可或缺「文化底蘊」作為經營的支柱，「本土」需要外來文化對照、刺激，借助外來文化而獲得重生。本土是種形式，應需求填裝

〔註 2〕 葉玉靜主編，《臺灣美術中的臺灣意識——前九〇年代臺灣美術論戰選輯》，雄獅美術，1994 年 8 月，頁 117。
　　　　主編按：1991 倪再沁於雄獅美術發表〈西方美術・臺灣製造〉，該文爭議性引發了藝術圈等人連串交叉辯論，評論者包括：郭少宗、陳瑞文、梅丁衍、林惺嶽等。全書全然針對倪氏《西方美術・臺灣製造——臺灣現代美術的批評》一文所引發。倪氏（1955～2015）曾任東海大學系美術系主任、院長、臺灣美術館館長等。

不同內容，本土不是原鄉，而是詮釋與再詮釋的反思。〔註3〕今日觀察，臺灣土地上由來已久「後殖民」涵義，它本質上仍然蘊含著歷史多重的混合文化成份，而成為「後現代」跨越時空的故事原型，也是成為「本土意識」取之不盡的人文素材，歷史縱向的文化積澱，即能夠彌補藝術求新求變的質地向度。

譬如，當代臺灣民間信仰的「電音三太子」造型，一經 kuso（惡搞）手法改造，滑稽豔麗，迅速打響藝術、宗教與娛樂三合一的賣點，爆紅於廟堂節慶之間，乃至遠征海外，代表一種臺灣當代流行藝術的指標，誠然也是既「本土化」又「國際化」的實例。

另一方面，新世代在現實生活中，「本土化」意義產生「轉化」的解讀──

> 九○年代的新生代，重視的是個人的、細微的、隱喻式的，甚至是極為私密性的生命體驗，甚至是身體感官的享樂和物質消費利益，不在乎從意識型態方面來具體表明自己的立場。因此本土情節或是認同問題，已然轉化為個人生存與環境關係的不斷摸索、探討和遊徙式短暫定位。〔註4〕

雖然處在科技網路無所不在的世界，卻是個人主觀意識抬頭，重視生活私密體驗、身體感官享樂和物質消費利益等現實。因此，臺灣年輕 E 世代藝術家訴求中，以往歷史事件「大敘述」主題明顯消失，代之而起的是現實社會側重個人自身立場的時髦議題，如「女性主義」、「情色」、「宅文化」等紛紛出籠。這些當代水墨創作，正可以視為一種現實轉化的「本土情節」，而也是反映新世代的生活微觀面向。這背後乃是拜科技資訊迅速之賜，當代藝術生態更趨於隱晦、游離與自娛等訴求，流露難以捉摸的「後現代主義」特色。

臺灣現實社會「哈日」風氣無異是「後殖民」的盲從文化轉化，一種開放社會的反諷現象。臺、日卡漫公司聯合在台灣舉辦年度「同人誌」活動，

〔註3〕 廖新田，〈近鄉情更怯：臺灣近現代視覺藝術發展中本土意識的三種面貌〉，《文化研究》，第 2 期，2006 年 1 月，頁 198～209。廖新田，中英格蘭大學藝術史與臺灣大學社會學博士，現任臺灣藝術大學人文學院院長，藝術管理與文化政策研究所教授。

〔註4〕 陸蓉之，〈策展理念──複數元的視野〉，《臺灣當代美術 1988～1999》，高雄：山藝術文教基金會，1999 年，頁 12。

流行商品化之下，掀起年輕人趨之若鶩的盛況，讓臺、日之間流行「宅文化」混淆錯亂，寫下當代臺灣後殖民文化自相矛盾的一幕。

確切地說，所稱「本土」藝術本身是否具有深刻「本土認知」才是重要前提，即在於如何描述本土的實質意義。作為一個海島型的文化處境，臺灣與英國有其相通之處。英國著名藝術史家里德（Herbert Read，1893～1968）曾指出：藝術沒有國界，只有不斷接受入侵、移居、移植，它才能存活。但是，如果說藝術的活力是由風格的雜交所產生的，深入鄉土土壤的根會使它穩定。〔註 5〕據此理解「本土」或「本土化」，在現代歷史上應該是朝向一種多元的文化主義，共存共榮的取向。

因此，從中國歷史文化來看，具有海島文化性格的臺灣「本土化」不是劃地自限，或切斷中國大陸文化臍帶關係，所稱臺灣文化型態，現在與未來均標示著：以大陸移民歷史文化演進為主導脈絡，並且轉化了「歐美」文化的現代思想精髓的「混血型」臺灣文化或藝術。〔註 6〕它的生命力從來不是單一自限，而呈現多元融合的型態。

概言之，所謂臺灣「本土化」的實質體認，並非單指鄉土主題表象符號，而是「文化共同體」內在精神思想，而藝術家「本土化」創作即是追求自身生命價值的一種實踐與完成，既體驗了時代真實意義，同時也是安身立命的託付。過程中，自然不排除「國際化」層面的借鏡取捨與斟酌的成份。

當代的臺灣藝術發展面向，正如「後現代」現象一般不確定。所涉「本土化」問題，二十多年後的今日看來，雖非撥雲見日，但是，社會意識與藝術風氣卻不斷往前推演，時間拉長使得「本土」意義逐漸獲得沉澱與省悟的機會，已儼然形成一種文化認同論辯，或是主體意識發酵的型態。

第二節　「本土化」與「國際化」的關聯

這種變化是受到後現代思潮的影響，也與大環境的變動有關。全球化（globalization）使得整個世界愈來愈相似，好萊塢電影及其背後的文化價值橫掃全球即是一例。另一方面在地化（localization）的傾向也並行不悖地發展，許多具地方色彩的事物被重視、凸顯出

〔註 5〕 郭繼生，〈臺灣藝術本土論述的再思考〉，《藝術史與藝術批評的探討》，臺北：歷史博物館，1996 年 9 月，頁 257。

〔註 6〕 同註 2，頁 149。

來。所以在世界愈趨同質化的同時，人們又不斷尋找差異的可能
性。〔註7〕

　　自由開放的社會，藉由國際之間文化資訊交流等方式創作，已是司空見
慣。臺灣現代美術論辯「本土主義」之際，正是「後現代」藝術百花齊放的
時刻，其顛覆手法傾向「個人主義」領域，也因爲「後現代」的「無主義」
性格造成跨越「本土化」與「國際化」，使原先論述的界定空間開始變得模糊
起來，多主義、跨主義等藝術型態紛紛出籠。一旦開放接納「現代」或「後
現代」本身意義不免即導向「國際化」概念的認同。於是，評論者針對藝術
創作「國際化」問題提出質疑——挪用西方藝術的外衣？淪爲「西方文化殖
民」的焦慮？在「國際化」策略中臺灣藝術主體消失？等問題。

　　藝術「國際化」固然是全球化時代趨勢，拓展國際舞台實力，但其本身
存在不少爭議性，譬如藝術「國際化」如何界定其意義？難道是任由歐美強
勢文化主導「國際化」影響力，一如政治、外交與經濟，強者爲王，而令第
三世界追隨之？的確，某方面，「國際化」意謂西方向第三世界策略性傾銷的
概念性「產物」——常見的例子是，透過國際大型策展的運作，如義大利威
尼斯雙年展，主導西方藝術「話語權」，宣示西方藝術的國際領導地位；或是
藉由國際拍賣藝術市場，炒熱藝術交易利益並且操弄假象；使得第三世界的
藝術家誤以爲只有「進軍國際」，才能造就國際級藝術地位的錯覺。

　　有識者指出，臺灣文化當局自陷於「挾洋自重」，迎合外國口味，推薦最
前衛的當代藝術家作品參展，導致主事者策展立場屢次遭到質疑與抨擊。
〔註8〕這乃是凸顯文化本位的判斷立場。事實上，這類活動本身與藝術家創作
意義或核心價值根本無干，所圖的就是藉「國際化」之名，以傳播媒體大肆
行銷包裝，主控藝術檯面流行風向與行情。只是，炫耀推動「國際化」，好大
喜功，背後潛在龐大商機，即成爲主事者遂行「國際化」的莫大誘因。

　　現代化並不意謂國際化——爲了讓不同地區的不同生活方式交流，
爲了地域性風格的提倡，地域性文化必須回到它原來的形式。藝術

〔註7〕　廖咸浩，《遠見雜誌》第 152 期，1999 年 2 月。廖咸浩，史丹佛大學文學博士。
　　　　曾任台北市文化局長，現任台灣大學外文系教授等。
〔註8〕　陳曼華，〈想像中的臺灣當代美術——從北美館「新展望」到「臺北雙年展」
　　　　的查考〉，《台灣美術》，臺灣美術館，第 89 期，2012 年 7 月，頁 62、63。譬
　　　　如如何遴選參展藝術家的爭議：誰夠資格代表臺灣當代藝術？誰能決議誰代
　　　　表臺灣藝術家？質疑機制是否公平合理等問題。

> 作品中的「突破」，及其特定情況下的「真實」，以及一定時間內的
> 「價值」，絕不能經由模仿取得；這些特性一定得基於自根的萌生、
> 自身的經驗及自己的傳統。〔註9〕

臺灣藝術縱身「國際化」意謂整體邁入現代化進程，固然歷史使然，而探尋臺灣美術中的「本土意識」，也可看作是臺灣藝術界在這段「國際化」與「全球化」歷程中的一種「在地」的自覺思想。確實，警覺到它不可劃地自限，「本土意識」需要對應於外來「國際化」的文化刺激，轉化觀念，進而調整並探索它自身的經驗與傳統。

其實，藝術「商品化」或「通俗化」外在現實因素，並非造成藝術家迷失的主因，而是在於藝術家本身的「文化自覺」——意謂對於西方文明思潮衝擊影響下的自我理解與反思。這對當代藝術家判斷「本土化」或「國際化」方向與理路上，如何折衝樽俎、衡量利弊，是攸關得失的重要前提。總之，藝術家本身若是缺乏「文化自覺」意識，只一味堅持「本土化」或「國際化」任何一端，最終都只會流於片面與膚淺。

> 就創作者的角度而言，本土化與國際化的界定應是相當模糊的，因
> 為在資訊快速傳達的文化生態，本土的問題也可能是國際的問題，
> 而其區別，則在如何以區域的不同觀點，詮釋一個國際間普遍的現
> 象，或是以一個區域獨特的面貌，呈現人類共有的一角。〔註10〕

揚名國際的張大千（1899～1983）晚期潑墨（彩）山水風格，即傳統筆墨功夫融合現代抽象表現主義（Abstract Expressionism）特色而奠定藝術高峰。若論之「本土化」或「國際化」成份多寡，兩者渾融一體，跌宕瀟灑，實難分軒輊。臺灣當代類似例子亦不在少數。兩位當代前輩水墨畫家劉國松（1932～）、鄭善禧（1932～），被美術史家論述為戰後發展的兩大方向，鄭善禧作為「本土化」代表，劉國松則作為「國際化」代表。〔註11〕其實，當代文化訊息傳遞無限擴大，臺灣自處其中，兩位前輩本身藝術成就已經涉入

〔註9〕 亞歷山大・托內，〈中國現代美術的新趨勢〉，《中國現代繪畫的新展望》，臺北市立美術館，1986年，頁5。此文乃外國評委引臺灣雕塑家述楊英風的看法，益加肯定「本土化」在面對「國際化」之際應該重視其本身文化內涵的重要性。

〔註10〕 高千惠，《當代文化藝術的澀相》，藝術家，1998年2月，頁248。

〔註11〕 王秀雄（1931～），〈戰後臺灣現代中國水墨畫發展的兩大方向之比較研究——劉國松、鄭善禧的藝術歷程與創造心理探釋〉，《現代中國水墨畫學術研討會論文專輯》，臺灣美術館，1994年。

「後現代」手法特色，而學者這篇文本證實了臺灣當代「本土化」與「國際化」交互進行不悖的意義。

> 站在創作者立場，「本土化」與「國際化」的困擾應該是只可意會不可言傳的意象掙扎，是心靈原鄉與現實異域間的自我調適問題。然而，在藝術全方位觸鬚伸張的今日，原為邊陲國家的「本土化」與「國際化」之呼籲，實然是一種方位與地位的爭取，非藝術創作精神的公開剖解。〔註12〕

臺灣處在全球化時空歷程中，此時多元混合的「後現代」解構論述，導致「越國際，越當代」或「越本土，越國際」〔註13〕的說法，看似兩極相對，其實並無絕對性，仍是文化主體論的不同解讀與判斷罷了。持平而言，論「本土化」不再敝帚自珍，論「國際化」亦不必挾洋自重，使藝術回歸創作本位與時代精神，方能相互激盪當代思想內涵。臺灣社會高度現代化，同時高談「本土化」與「國際化」觀念，最終目的無非為臺灣文化藝術找到發展上的主體價值與定位。當前這種雙向觀察，無不需要平衡時代槓桿兩端，以獲得普遍認同，以及前進的力量。

第三世界任何國家自身的文化主體價值——藝術性、民族性與地域性——仍是根本的不變基準，而外來思潮「國際化」衝擊下，重新審視整個現代化過程得失，探尋外來與內部文化融合的新意義。今日地球村的概念，毋寧視之為文化多元主義時代來臨，與「本土化」鎔鑄文化藝術兼容開創的契機。

「後現代」解構了臺灣歷史文化原型的思維模式，其自由多元精神穿透了當代爭議性，產生質變與新生，而逐漸澄明積澱文化主體性的意義。亦即，當前臺灣主體藝術思想的衍生，歷經後殖民、後現代等現代化思潮的洗禮，以及內憂外患、生聚教訓的內化結果，形成一種深刻的人文精神能量。這不啻成為當前「現代」、「後現代」水墨藝術語言中的核心價值。或許，解讀「本土化」與「國際化」意義即可作為當代臺灣文化主體性之參照判斷。

總而言之，本文論述當代臺灣水墨藝術的「本土化」與「國際化」問題，目的在於解讀並釐清文化主體性的實質意義。即使已是地球村時代，當代仍然沒有絕對的「本土化」或「國際化」的藝術產生，只有文化自覺——藝術

〔註12〕　同註10，頁46、47。
〔註13〕　同註8。

家本身不斷創作奮鬥的時代精神。當然,「後現代」多元開放的藝術生態將會
隨時調適或修正它文化主體性,或涉及其它政治、人道、環保等不同主題性
的社會範疇。

第七章　審視與反思：「後現代」與　臺灣當代水墨

第一節　審視「後現代」水墨癥結

綜觀許多專家指出「後現代主義」對當代所激起波瀾身影的評述：

一切都是過程幾乎成為他的墓誌銘。

過程就是未遂的現實與幽靈一起生長的歷史。

任何有生命的主義都不會是放諸四海而皆準的真理，他是與偶然生活在一起的解釋，一種自由原則，因而它的精神緯度，必然就會建立在豐富的當下性、常新的流變性和創造的生成性基質上。〔註1〕

我們認識到後現代主義不僅僅是一種時尚，他對學術與文化生活的影響要深刻得多，持久得多。從整體上講，我們將後現代主義看作一個正在不斷進行的過程，一個在藝術、文化和學術的多樣傳統內既是解體又是變革的過程，而不僅是一種風格。〔註2〕

當代美術中，「後現代」可說是「無主義」或「多主義」或「超主義」或「不可定義」等意涵的的主義。三十年來，這一波「後現代主義」衝擊臺灣水墨，力道更強過以往現代化運動的其他主義，使得創作風格特色也更加多

〔註1〕 島子，《後現代主義藝術系譜》，重慶出版社，2007年1月，頁522、523。

〔註2〕 維克多・泰勒（Victor E. Taylor）、查理斯・溫奎斯特（Charles E. Winquist）編，章燕、李自修譯，劉象愚校，解構主義，《後現代主義百科全書》，吉林人民出版社，2007年6月，〈導言〉，頁2。

角化、個性化與異質化。「後現代主義」它旋風式地橫掃全球，攻陷了「現代主義」的地盤，但並沒有眞正完全取而代之，反而與之相濡以沫，糾纏不清。它影響世界藝術竟成爲當今「全球化」景象的一環，如此怪誕的主義，史上空前，一切褒貶議論彷彿宇宙黑洞之存在，令人感到無比驚奇與好奇。

在臺灣九〇年代，當代藝術與理論界對於「後現代主義」本身定義與範疇，或認知素養所限解讀偏差，或因當事人藝術主觀意識造成立場偏執等問題。而三十多年來藝術演變歷程中的空氣土壤，已經順理成章地感染「後現代」氣息，盤根錯節，任誰都無法全面否定，若要全面審視「後現代主義」之於水墨藝術創作上的影響，判斷其時代意義與價值，自是一件非常艱難的學術課題。全球化的「後現代主義」本身始終難解的不確定性「自反」因素，思想脈絡演變空前複雜，千人千面，導致這個主義一旦離開學術場域即頻頻遭受不白之冤，註定它難測的現實命運。難怪臺灣社會已淪爲它的舞台而一般人渾然不知。

它本身「不確定性」極容易令人模稜兩可，難免言人人殊，即會因爲觀點角度不同而產生各自解讀的落差，各執一端。「後現代主義」已涉入當代水墨創作的藝術思想領域，借力使力，試圖爲當代水墨拓展新場域，大多被視爲創作方法或手段策略，而非直接達到藝術目的的「特效藥」。

由於它本身各種「不確定性」的自反因素，而使當代臺灣「後現代」水墨創作同樣衍生諸多爭議與對立。就藝術完整度而言，「後現代」往往因爲顛覆的解構手法破壞性居多，猶不如「現代主義」。不管如何，筆者以爲彼此之間誤解當然是問題所在，但是誤解它的基本思想才是最大癥結。如何解讀此一令人霧裡看花的「不確定性」因素即成爲「後現代」入門之鑰。因此，針對此一主義龐大結構中基本問題的釐清與解讀，即成爲論述它發展癥結的必要前提。

一、「後現代」本質問題

首先，是它高度自由精神的內在本質。一切當代藝術其實是「理性主義」的產物，「後現代」創作最終旨趣即在追求一種眞正自由的可能性。它甚至不需要任何方法，排斥一切固定的指導原則，是以「反方法」作爲基本特徵，以獲得徹底的創作自由。因此，以往「現代主義」純粹統一性規則，自然變成它論述「自由精神」所要解構的對象。「後現代」這種模式本身就是反傳統

的「中心」與「邊緣」二分法,而這種原則唯有在論述概念中能達到最大力量,換言之,它絕對自由的可能性也因此帶給創作自我生成、分裂與轉變的無限能量。「不確定性」即是它自身與傳統文化區別的重要特徵。〔註3〕

據此而論,「水墨」本身一切傳統經典形式,即淪為它「反方法」操作下的藝術符號語言罷了,而其中所產生「離經叛道」質變的行徑就不難理解了。它不一定只發生在現代時空,因為歷史上許多符合「後現代」基本特徵的事實。傳統史實記載的「反毛筆」,如唐代張旭酒酣以髮濡墨書壁,北宋米芾以紙筋或蔗渣代筆作畫,清代揚州八怪之一高其佩以指代筆作畫等,都是屬於當代所謂「後現代」特徵,傳統中其例不可勝數。

再者,審視「後現代」本身「不確定性」本質上與禪宗「不著相」修行道理相契。人唯有心靈境界真正的徹悟與放下,才能回到真我的本質,如此所謂「不確定性」可比「說似一物即不中」,即具有反一切外在表象的涵義。所以「後現代」與禪畫境界亦被論述為中西殊途同歸的當代案例之一。舉例來說,好比美國當代的「壞」畫("bad" painting),是西方「反藝術」介入社會的反體制行為,而「壞」企圖超越現實社會教條的束縛,重返人性初始稚拙的「自由精神」。中國五代石恪二祖〈調心圖〉改以蘆葦粗獷筆法畫二祖衣紋,跳脫傳統法則而顯示頓悟境界。這兩者人文內涵均極似演繹禪宗「本性」之說〔註4〕,可謂二次大戰後,「禪」的中西文化思想匯流,藝術異曲同工的一個實例。

對「後現代主義」這個「不按牌理出牌」的主義,它本身「不確定性」因素,雖然是當代提供創作最自由的因素,卻也是讓人難以徹底理解的根本原因。臺灣「後現代」水墨藝術至今固然因為它不確定因素而衍生爭議,但事實上較之「現代」水墨則更具有未來發展的可能性。

二、「不確定性」對立於其他論點

「後現代主義」可以接納消融其他主義成為它的創作元素或材料,但是卻無法因此拿其他主義去解釋「後現代主義」。當它破解原來「現代」水墨形式之際,它自身顛覆與否定的本質已經破壞了與其他主義的平行關係。既使水墨藝術得利於「後現代主義」的解構手法,無限度地擴展圖式、品種或領

〔註 3〕　高宣揚,《後現代論》,中國人民大學出版社,2010 年。
〔註 4〕　李中華注譯,丁敏校閱,〈新譯六祖壇經〉,三民書局,1997 年 11 月。

域等，但是這種藝術本身所隱藏的「破壞性」，產生與現代意義「斷裂」或「延異」的現象，迴旋式地「自反」了原先創意命題的涵義，而導致解構作品中的「能指」與「所指」兩者混淆。凡是以「後現代」之名創作的水墨種類，這些問題不斷引起爭議與誤解。「後文人畫」之於「文人畫」，一般重視筆法創作觀念被拋棄，造成原有藝術涵義的「斷裂」，即是現成的例子。

「後設理論」涉入它「不確定性」形成主要肇因：「同一現象，同一事物，以不同角度來看，即有完全不同的意義，導致相異甚至完全相悖的結論和結果。」〔註5〕「後現代主義」分解了藝術創作符號的意義，開始造成「能指」與「所指」之間混亂與錯位的局面。「後設理論」之可以闡述所有可能的指意與答案，使得畫家的詮釋與觀者的看法各執一詞，難以一致，其最後結果經常變得模稜兩可或是自相矛盾等。〔註6〕主要的原因在於開放語境之下的「後設理論」——畫家對於創作本身擁有自主解釋的絕對權利，外在形式未必全然等於藝術內容，忽視觀者接受與否，甚至，蓄意反其道而行，運用「策略」以滿足創作意圖為是，既對立互生，又自圓其說。此一完全開放的創作語境之下「後設理論」，本身即具有其後現代的「不可界定性」因素，因此，當代「後現代」衍生「反現代」、「反美學」、「反藝術」、「反文化」、「去中心」、「去正當化」等等各種不同論述觀點，即因為帶有這種後設的共通性。

三、「後現代」水墨藝術的誤區

「後現代」水墨藝術作品經常令人誤讀，這種誤讀竟然是它本身的常態，則它的意義何在？屬於視覺經驗的一切水墨藝術法則，如今應如何解讀這個「誤區」？最普遍的誤讀——「後現代主義」理念本身的「顛覆性」與「破壞性」給人負面印象，而受到抨擊或望之卻步，如運用蒙太奇（法文 montage）並置手法。

「後現代主義」一切反向操作的「解構」手法，只是理論上的「反對」，事實上仍須「落實」創作，以達成它解構的目的。吾人須分辦「顛覆性」與

〔註5〕 異質標準（incommensurabilite），法國哲學家利奧塔的一個哲學術語。他認為在哲學問題上，無法放用放諸四海而皆準的單一道理去解釋說明一切主張。每一種話語之中的標準，則要看主述者、聆聽者及指涉者三者之間的關係而定。同第一章註7。
〔註6〕 同註2，後結構主義：頁382；符號／能指／所指：頁446。

「破壞性」乃是它藝術手法,並非即是它最終的目的,這個手法猶如傳統水墨創作主張的「破立」概念,只不過當代表現得更肆意誇張,好似與水墨價值背道而馳。書畫界或囿於師承門風觀念,或故步自封等因素所致,經常聞之色變,引起一連串撻伐,但背後問題,其實在於缺乏對它學術理念的認知,導致以訛傳訛、三人成虎,始終無法客觀看待問題。

任何創作思維與方法無法脫離個人與當代文化環境因素,以作為創作「主體性」。「後現代主義」創作意識中的「反美學」,是藝術家展現藝術主體性的一種舉動,並非一種「反智主義」的貶詞。猶如「反筆墨」,反對傳統或是既有模式而逆向操作,粗服亂髮,故作醜態,膽敢宣示叛逆性格的個人創作特質。這凸顯「反美學」水墨手段,展露了藝術家特立獨行的另類意涵,在當代被視為是一種創作論述的「辯證」策略,用以抵牾主流而別樹一格,並無不可。「反美學」的個人主義主體性也是表達一種創作自由的民主態度,同樣予以尊重,並無尊卑高下之分。而它不斷引發爭議討論也同時是再造它的生機活力。

另舉「通俗藝術」(即媚俗,Kitsch)來說,因為「後現代」藝術創作上不時潛浮「後設理論」,同樣不時增加解讀難度。它毫不掩飾地直接「借用」時下大眾喜愛的流行之物,如卡通、電影、廣告、玩具等作為內容素材,往往摒棄藝術主流價值心態而標榜當代最時髦流行的普普(POP)新意。這種利用大眾化手法的「通俗藝術」看似容易,其實,要使流行之物再次提升到藝術層次,若只是片面「挪用」符號而無法傳達詮釋的涵義,即會讓觀者覺得格調庸俗,索然無味。上述「反筆墨」與這種普普「反美學」,都顯示出「後現代」本身具有灰色地帶,無限性的創作思維空間,極易造成觀誤讀,但這也正是它自身的挑戰。

再以跨材料領域來說,「空間裝置藝術」綜合運用了水墨以外的材質,增加立體解構空間的視覺效果。原本任何藝術材料屬性即有其自身的文化意涵,但「後現代」主張多元並置的跨材質領域,以混搭方式解構空間,蒙太奇的並置手法不無模糊水墨特色,反而使之變成陪襯角色。「空間裝置藝術」從意念到材料,出現類似「對話」與「錯位」(移位),論述也徒增觀者對於創作「去中心」、「無厘頭」的困惑。彼此若無法相互緊密結合,就會使人摸不清實際意圖。既然跨領域,又何必強求水墨?但「後現代」卻容許它論述的「模糊性」造成彼此落差,亦即是外來質疑參與了作者思維企圖的可能性,

任何質疑方式最終也被建構為它整體創作計畫的一部分，這正是「後現代」創作論述中「自由精神」所導致的可能情況。作品既然容許模稜兩可的差異性存在，而引起觀者質疑，因此論述它的意義就會處於「不可解釋」，或各自表述的狀態。

　　同理，現今臺灣社會至為關注的「生態環保」議題，也經常成為水墨畫家借題發揮的焦點。當畫家運用「後現代」自由表述手法，即以為能喚起人們對環境主題的關注與肯定。事實上，可能適得其反，因為「後現代」藝術語言所給人的「斷裂」的誤解印象，可能使得原先闡釋「生態環保」美意大打折扣。「生態環保」議題顯然是當代客觀事件的「大敘述」，必然需要傳達客觀意義的對應方式，使人感同身受，若是採用不確定性的「後現代」手法則不無扞格。

　　雖然「後現代主義」它提供任何藝術創造自由激發的可能性，創作方式可以隨人喜好，俯拾皆是，然而主義始終被本身邏輯所困，「不確定性」也等於註定了一個莫衷一是的難題——所有表象呈現的「誤區」即是特點，也是盲點。一言以敝之，創作者終究需要針對問題見招拆招，進一步穿透它的「破壞性」等理念涵義，找出個人解決途徑，以及收拾善後的實際應對之道。

　　「後現代」作品因為「解構」符號形式的個人主義而流於孤芳自賞。藝術家若一意孤行，脫離社會群眾而存在，一味迷失在「後現代」表面玩弄手法之中，徒求破壞而無建設，即使譁眾取寵，藝術終將無所依歸。我們了解外來的「後現代主義」，與水墨藝術結合上自然會產生各種問題，雖是彼此文化體質之差異使然，然而從開創立場來看，由「差異性」演變到預期融合的「可能性」，正是藝術創新可貴之處。當代創作固然是完全自由，但是藝術最終意義與價值仍是時代社會給予評定——藝術家、藝評家與觀賞者三位一本美學有機體的整體檢驗結果。今日「後現代主義」與「現代主義」的時代意義並無二致，其實，創作背後的美學與藝術學的質素含量將決定藝術之得失勝負。

四、知識商品化：一個「後現代」徵候

　　從學術研究的角度來看，「後現代主義」之於現代藝術，可說是一套挑戰固有藝術創作思維的「本體論」，並且方便解構其技術運用的「方法論」。這個現象使整個「後現代」時期的當代藝術，因而造成極度傾斜——後人文主

義已經反人文主義，與「後現代主義」一樣地自反與弔詭。有鑑於此，面對「後現代」與當代水墨議題，筆者認爲必要重回臺灣積累的社會人文建設的價值基礎上，才能避免「後現代主義」本身「後人文」缺失的侵蝕。當然，這需要從文化、藝術與學術各方面作充分了解「後現代主義」，集思廣義之後，我們才可能寄望當代藝術浮現一個比較正常發展的視野平臺。

譬如，從政府到民間濫用「美學」之名，這乃是誤解「後現代主義」思想，美感品味的淺碟化，而被操弄的一種後遺症。誠如一位藝術評論家所說有關「藝術論述」的學術觀點，頗值得注意：

> 理論研究應該使我們對「西方先進國家」更有反省力，包含反省這些理論本身，而不是迷信這些理論，以致還在繼續扮演「西方先進國家」知識商品的消費者。

他憂心指出，最具爭議性的當代臺灣「藝術論述」，其哲學知識能產生知識商品的價值，竟然在現實全球化的生產體系中，凸顯了它的「商品意涵」與「政治意涵」。〔註7〕這已是一個觀念上的迷失，正與筆者上述「美學」被浮濫化的問題，所持論述觀點頗爲類似。

台灣進入全球化「後現代」社會的當下，商品化、通俗化的淺碟氣息侵襲著整個藝術環境，當代被許多人質疑是一個「沒有美感的時代」，反諷的是，許多行業商品充斥著所謂的「美學」之名——從政府機構到民間，不時冠上「美學」加以行銷包裝，充當時髦。原本，「美學是詮釋藝術的學說」，是一門研究藝術領域的學術理論的抽象名稱，臺灣不但僭越而且掩耳盜鈴，直接稱呼藝術實物之名〔註8〕。現實問題出在當今知識與商品界線已經不易劃分清楚，藝術爲了自由市場而因勢利導，「美學」淪爲商品包裝，假借巧取，教人感覺混淆視聽，扭曲眞相。

當代濫用「美學」各自表述，甚至無限上綱的背後因素，乃因臺灣譁眾取寵、我行我素的「後現代」時空環境造成它無限放大解釋的結果。這是臺

〔註7〕　廖仁義序，〈臺灣藝術論述自我反思的高度〉，廖新田，《藝術的張力：臺灣美術與文化政治學》，典藏雜誌，2010年6月，頁11、12。

〔註8〕　美學是「詮釋藝術的學說」，參見劉文潭，《現代美學》，臺灣商務印書館，1981年9月，頁3。
　　　　現在臺灣社會上使用「美學」一詞浮濫化，如政府所屬「社教館」改爲「生活美學館」；民間常見：電器是「生活美學」、汽車是「風切美學」、化妝是「保養美學」、售屋是「景觀美學」、餐廳是「飲食美學」、報導是「美學系列」、名嘴是「美學大師」等不一而足。

灣與國際接軌，沾染「後現代」逆向操作手法，爲了商業牟利，玩弄藝術，公開扭曲了美學原本意義──「通俗」與「標準」不分，顯見「後現代」在臺灣流行氾濫所顯現的弊端。以下的論調，美學界定再次被模糊：

> 美學不單純地被限定在認定的藝術範疇內，它包容著人類一切活動。美學信念之極致即社會是一件藝術品。〔註9〕

這種偏駁扭曲的現況，在東方更勝於西方，試想：既使西方高唱美學的「後現代」藝術之際，如以後現代風格名聞世界的法國龐畢度藝術中心也從未曾使用「美學」之名，何以臺灣社會上下懵懂至此？坊間趕時髦濫用「美學」牟利事小，而政府與藝文界專家諸公於爲不察，沆瀣一氣，即可見臺灣當局上下完全自溺於後現代之「僞美學」漩渦，毫無自覺自惕。一個學術理論之名浮濫致於斯地，只顯示臺灣美育體系之顢頇，造成社會之流行墮落。

「美學」既是作爲論述藝術的核心思想的學說，基於學術研究的起點「必也正名」──雖然「美學」本身範疇不斷擴充，但其基本界定意義絕不會因爲「後現代」顛覆性格而喪失。相對而言，「後現代」容是「美學」體系中的一種論述，而它本身的不確定性格，易放難收，最終不知何處是歸程，因此，萬變不離其宗，「後現代」諸多問題仍須「美學」理論邏輯的奧援才能闡述它的原義。

從藝術生態來看，「後現代」必然是市場經濟某方面的運作利器，利益交關──畫家、畫廊、畫商與策展人（本身往往也是理論家）像食物鏈結合成爲一個體系。學術理論應代表客觀理性的超然立場，而在臺灣社會結構如此開放之下，卻使之「知識商品化」──不折不扣是「後現代」藝術生態中一種應運而生的「混搭」。現實中，策展人藉諸策展活動開拓藝壇的「發言權」，建立論述的威信；某些職業畫家自己亦不諱言，就在這般情況中嶄露頭角並賴以維生。這個既成的混搭現象，整個「後現代」的藝術生態已經翻轉昔日模式，使那些原先「不可能」變成「可能」。藝術生態正在質變與調整之中，一切的可能性正如「後現代」的不確定性。

「知識商品化」在自由社會中最現實的例子，即是實踐於「文化創意產業」。簡單說，它使得原創的藝術大量「複製」成爲普及化的各種商品，增加藝術價值以外的市場商業「產值」。「後現代」的複製手法被輕易合理化，視

〔註9〕 同註1，頁37。

爲一種當代「知識商品化」必經之途。今日，臺灣社會結合學術、藝術與商業三位一體的能量開發，與普羅大眾生活需求已經打成一片，已逐漸形成新興的消費型態與文化特色。「知識商品化」的解讀，不再限於現實流行的一種「知識經濟」：學術與市場的互動而已，而已經邁入一個「藝術社會學」的論述年代了。〔註10〕

　　因此，在自由交易的環境中，畫家與商業之間的共生利益關係不易劃份是可以理解。一旦知識不幸流於「商品化」，「美學」即成爲現實利益的附庸與藉口罷了，這無疑將自戕它原本超然獨立的學術意義與地位。這些現象來龍去脈相當複雜，無論如何，檢視的線索仍在於，其一，原先「藝術論述」——扮演學術專業的良知良能的角色，與對藝術超然客觀的把脈，如何拿捏與現實市場的界線；其二，當今藝術創作自由完全開放的藝術家可曾自覺創作本分與商業操作的分際，若是彼此仍然糾纏不清，即意謂一直籠罩在「後現代」的逆境氛圍之中。

　　當代言必「美學」，泥沙俱下，魚目混珠有之，但是其實質意義的論述角度可大可小，就看論者反思當代問題所持學術角度，或許，探本窮源，回歸藝術「本質」的探討與理解仍是當代學術理論研究法門之一。〔註11〕當前臺灣各個相關藝術創作研究所尚秉持「藝術學術化」的時代目標，兼顧藝術與學術的平衡建構，假以時日，期待可以逐漸發揮澄清積澱之效。

第二節　回歸文化主體精神

　　學者曾經認爲：「由西方移植的後現代論述，不足以解釋臺灣八〇年以降的多元文化。」〔註12〕這說明了臺灣本身多元文化的獨特體質，已非當代的「後現代」所能經充分解釋清楚，而且「後現代」現況和「後現代」文化現象一方面正在盛行，另一方面也在轉型。這種轉型，意味著臺灣社會各個階層至今對於「後現代論述」仍在發揮整合當中。詭譎多變、難以捉摸的「後現代主義」仍正在進行中，究竟是「洪水猛獸」，抑或是嶄新轉機？對關心臺

〔註10〕維多利亞・亞歷山大著，章浩、滹陽譯，《藝術社會學》，江蘇美術出版社，2009 年 1 月。

〔註11〕畢普塞維克著，廖仁義譯，《胡賽爾與現象學》，台北：桂冠圖書，1997 年，二版。

〔註12〕陳芳明，政治大學臺灣文學研究所長。

灣當代水墨前途的任何人，這誠然是一個不折不扣的「大哉問」。

自從現代化運動以來，藝術家創作自主性高漲，主張「爲藝術而藝術」的口號恣肆氾濫，西畫承襲西潮，莫之爲甚，導致藝術與人文主義的精神意涵越行越遠。今日，那些高唱絕對自由的創作行徑已經頻臨癡人夢囈、莫名自嗨之地步。就客觀論述角度來看，當代藝術家思想之認清與自覺，其實重要性更甚於創作的絕對自由。誠如後現代主義著名理論專家哈桑有感而發，自覺地認爲「後現代主義」本身進程有所變異，且應有更深的轉化層次：

> 從另一方面看，「後現代主義」本身也有所變異，我覺得它滑向了一條錯誤道路，陷入了意識形態的無謂爭鬥和非神秘化的無聊瑣碎，以及自身的低俗和作秀。它已經變成了一種折衷主義的戲弄，一種引起短暫歡樂和微小懷疑的精巧淫欲。不過，在更深的轉化層次上，它已然獲得了某些更大的被某些人稱爲「後人文主義」的東西。〔註13〕

的確，這種描述與臺灣現實狀況幾乎無異，說明了開放的主義本身極易流於難以收拾的狀態——今天臺灣文化面臨的危機，人文主義精神也已經在科技及經濟掛帥的社會價值中逐漸傾斜，更加細碎精巧的科技化將統領藝術創意，眞誠的人文思維光環加速流失中。學理上，人文主義肯定人是生活創造者和主人，他們要求文學藝術表現人的思想和感情，科學爲人生謀福利，教育發展人的個性，即要求把思想、感情、智慧都從外在束縛中解放出來。此時，「後人文主義」正面臨挑戰科技與重新冶煉它新的內涵界定。或許這將來會是「後現代主義」在臺灣「在地化」逐漸展露的一種新的「後文人主義」。

從「後現代主義」在當代的正面影響與啓發，進一步客觀理解。首先，解釋「後現代性」的意義，不再將「解構」單純當作摧毀、否定性的認知層面上，而應從「後現代精神」極其豐富複雜的思想和理論內涵，去演繹它既有的與可能的建設性。再者，「後現代主義」形而上的理性精神，涵蓋了後設、質疑、虛擬、批判、遊戲、荒謬、去中心、反美學、無定義、前概念等不同向度，縱使混雜著它本身悖論基因，卻另有涵義——爲人類假設了一種「烏托邦式」憧憬，喚醒人性壓抑、萎靡的一面，暗示超越與提升，並期待所有

〔註13〕同註3，頁525。後現代主義理論家哈桑《後現代轉向》。

一切「現代性」都晉升爲「後現代建設性」的藍本。〔註14〕應當深入思考並認清它原初的「自由」與「可能性」的本質，重新納入眞實生活與生命意義再出發。由此看來，「後現代」絕非只是單純戲謔的兒戲，它同樣背負著對時代與歷史的使命感，只是這個使命感不再如往昔方式出現而已。

任何絕對自主的創作方式，就時代宏觀而言，這只是屬於個人的、短暫的，畢竟西方主義，是它山之石可以攻錯，創作自由的時代精神雖然無法定於一尊，但是從人類藝術發展與形成的根本道理，文化主體精神仍然是其中永恆不變的最終依歸。此乃不變之文化立場，另外，也從文化主體論與史識相對律的相關角度論述此一基本意義與價值發展之所托。

一、從文化相對論到主體論

> 在「後現代主義」強烈的懷疑主義、相對主義和反烏托邦意識之後，當代藝術不僅是前衛藝術的復興，而且見證了烏托邦式的理想主義信念的重生：繪畫又回來了，形式美學依然有意義。「後現代主義」之後，藝術再次提醒人們，藝術需要諷刺，但是同樣需要建設。〔註15〕

「後現代」作爲當代全球化趨勢下的新潮藝術，自由開放的臺灣社會，助長它頗似時下流行商品正在商場上行銷熱賣，其勢銳不可擋。而另一方面，當代西方文化本身自省，藝術已經逐漸在重返過去的榮光中尋求解套。「後現代」藝術之「前衛」，本意只是它針對「落伍」的相對之詞，事實上並無絕對意義的「前衛」之存在。物極必反的道理，無論創作思維或手法，徒求破壞的「後現代」之舉，解套必然需要相對維護或平衡之道。歷經激變思潮，斷裂刺激之後，追求藝術理念境界中的「烏托邦」或「桃花源」，仍是人生最終的理想選項。外來的「後現代主義」與水墨本土藝術結合自然會衍生問題，雖是彼此文化因素差異使然，然而從創作立場來看，由「差異性」演變到預期融合的「可能性」，正是藝術創新可貴之處。

臺灣「國際化」雖然備受關注，然而，從理性判斷上，臺灣社會至今對於「後現代主義」仍然存在既歡迎又害怕的矛盾心理，普遍存在「第三世界」文化上反映西潮的憂慮。個中主要原因，其一，臺灣「後現代」水墨仍未脫

〔註14〕同註1，頁527。
〔註15〕邵亦楊，《後現代之後——後前衛視覺藝術》，上海人民美術出版社，2008年1月。

離西方主導的「話語權」而形成的圖式語境，似乎淪爲一種殖民文化心態之譏。其二，爲了對照西方藝術，而水墨「被強留」作爲表明「文化身份」的必要手段，終究免不了侷限並削弱水墨本身文化主體思想精神的發揮。〔註16〕說到底，「後現代」水墨的「話語權」與「文化身份」究竟何時能夠眞正平復，即端看自身文化主體思想精神能否堅持批判與自省，而並非外來「後現代主義」影響程度多少的問題。甚至，當「第三世界」建立自身文化判斷高度之際，這些憂慮將迎刃而解。

> 依據文化人類學的觀點，文化是生活在某地區某社會的人民，爲了適應其環境而發展出的一種「生活型態」，所以各地區各民族都發展出其獨自的文化，包括習俗、宗教、禮儀、節慶和藝術等。所以文化無所謂高或低，這種「文化相對論」之理論也影了藝術界，所以戰後有許多藝術界再也不以歐美藝術爲馬首是瞻，立基於自己的文化，致力開發能表現自己民族的歷史、習俗、宗教、生活狀況的視覺藝術。〔註17〕

從「文化相對論」的啓示，足以敲醒長久以來西方之外第三世界原先追隨西方流行思潮爲目標的春秋大夢，識破西方強勢輸出的「全球化」經濟效益的虛幻假象。西方壟斷現代思潮的年代已經結束，後歷史時代正是科技與藝術的時代，藝術家從今以後可以自主運用任何混合材質來詮釋切身關懷的主題。

> 資訊社會的來臨標誌著人類地球村的形成。地球村主張資源分享，包括文化在內，並不意謂著文化霸權或西方獨大。和而不同，相互尊重，多元互補是二十一世紀文化繁榮的主題訴求，也是我們思考藝術問題（包括水墨）的前提。〔註18〕

二次大戰結束之後，以美國爲首的西方國家興起「文化多元主義」〔註19〕

〔註16〕 羅世平，〈西方解構語境下的水墨生態〉，《2012 匯墨高升：國際水墨大展暨學術研討論文集》，臺灣師範大學，2012 年 7 月，頁 7。

〔註17〕 王秀雄，〈後殖民與後現代的台灣美術〉，《後殖民與後現代：台灣美術院院士第二屆大展》，財團法人台灣美術院文化基金會，2012 年 5 月，頁 5。

〔註18〕 同註9。

〔註19〕 「文化多元主義」，參見暮澤剛巳著，蔡青雯譯，《當代藝術關鍵字 100》，麥田，城邦文化出版，2011 年 4 月，頁 166、167。

「後殖民主義」，參見廖新田，《藝術的張力：臺灣美術與文化政治學》，典藏雜誌，2010 年 6 月，頁 130～152。

的藝術活動，連結了當代殖民地藝術，也激發了殖民地本身「後殖民主義」思想議題的討論空間。這波浪潮讓臺灣藝文界與學術界有識者再次重新思考：當代接觸西方，現實的宰制關係與創作表現形式之間真正應有的立場與認識。

> 對臺灣美術而言，是古今中外融於一爐，而其核心則是臺灣，儘管有些風格源自歐美或來自中原，但卻都在流動質變中。這是個混沌難明的時代，而臺灣美術正以百家雜陳的面貌印證了它所屬的時代。新一代的藝術也必然呈現跨媒材跨領域跨文化的混種模樣。
> 〔註20〕

所謂跨文化的混種模樣，自由多元，其特色即蘊涵所屬時代的文化意識，指的是反映社會與個人生命中的普世價值基準，泛指「當代性」等切身的時代議題，包含政治、人權、都會、環保、性別等現實中休戚與共的議題，而透過藝術主張的創作途徑彰顯文化主體的美學內涵與度量。其中，特別值得注意的，指向臺灣「跨文化」所產生原生又多元、最富本土氣息的「野性思維」的獨特優勢：

> 從 80 年代之前與之後，西方與非西方的跨文化辯證演變情勢，顯示「原始主義」與「東方主義」對現代藝術發展的至深影響。尤其是與西方不同的「野性思維」及「東方主義」的轉向，在跨文化演變上對非西方現代藝術家所給予的啟示，在 80 年代之後，已逐漸演變成為非西方的「跨文化」基本精神與主要策略。對坐落於亞太地區既邊緣又交匯的台灣，其原住民加上來自大陸各地區華裔移民的傳承交融，經不同時期外來族群（荷、西、英、日、美）文化的沖激，其文化藝術演變也自然受到「原始思維」的生命力，以及「跨東方主義」的多元性等機緣因素之影響，而此一既原生又多元的「跨文化」獨特條件，在華裔當代藝術發展史上，理當成為台灣藝術家的基本優勢。〔註21〕

「原始思維」與「跨東方主義」之說，對混合文化社會的臺灣而言，無

〔註20〕 曾長生，〈台灣美術院的後殖民風格表現〉，《後殖民與後現代：台灣美術院院士第二屆大展》，財團法人台灣美術院文化基金會，2012 年 5 月，頁 22。

〔註21〕 曾長生，〈當代東方書畫藝術的後現代空間意識〉，《東方美學新結構的跨文化現代性》，2015 年 5 月 27 日臺灣師大美術研究所水墨創作理論碩博士班專題演講講義。

疑具有前瞻性與超越性。藉此，其「跨文化」獨特生命力條件讓我們能夠穿透「後現代」現實諸多障礙，放眼視野，釐清並接受「國際化」乃至「全球化」趨勢下的真實意義；同時，臺灣水墨本身傳統文化與當前本土化基礎上融合的「文化主體意識」，結合潮流、社會或個人切身的文化議題，重新獲得內在自省與深化，發揮成為獨特優勢與品牌，如此，相信建構當代人文價值的藝術環境亦是指日可待之事。

　　簡言之，「文化主體精神」猶如水墨藝術美學思想中永遠不可抽離的靈魂，足以游刃當代思潮，出入文化道統，釋放能量，自主創作。

二、史識相對律：「深化」與「廣化」

　　根據筆者個人曾經研讀藝術史的經驗與體認，不揣淺陋地舉出一個創作者的宏觀看法——史識的「相對律」，藉以穿透問題。

> 史識，簡言之，即是對歷史的認識，認識其中永恆的道理，而從中獲得精神理念，作為未來研發判斷。史識最值得注意的是「深化」與「廣化」的「相對律」。深化，是往傳統固有價值中持續發展；廣化，是融合傳統以外的方式廣泛吸收。任何構成文化藝術的整體因素，往往深化與廣化兩種方式消長互見，相輔相成，看似相對，其實互補。概括來說，從固有價值系統上比較，深化趨向內在精神，廣化趨向外在表象，反映出不同風格意義的取向或程度罷了。
> 〔註22〕

　　史識的「相對律」意涵，猶如藝術風格的「本土化」與「國際化」，或是「文化相對論」的說法，有異曲同工之妙。論述任何藝術的前瞻或保守，不管藝術家個體或歷史時代風格，其實都基於彼此相對或相輔、比較或對照的關係與意義所引申的結果，好比當代的「復古」其實是基於創新，並等於古代；而抄襲西方現代也只是「保守」，對創新而言仍是缺乏現代，其中意義即是相對而論，並無絕對的定義。在歷史洪流中體識「相對律」，人文省思是必然的條件——既是宏觀史識，亦是個人胸懷，藉以作為個人藝術創作判斷基準或價值取向，在西方思潮衝擊之下，仍可嘗試解讀作為當代水墨藝術創作上的一種辯證的思維方式。

〔註22〕林章湖，《自在理想主義——試探水墨藝術的本心畛域》，義之堂文化事業有限公司，1997年2月，頁2、3。按：相對論一詞，乃是筆者綜合歸納前人史論的說法。

藝術不得不聚精於審美，因爲審美是一切。審美對於藝術而言就是
中心，別無它途，因此它之於哲學觀照是具有優先權利的焦點。
〔註23〕

　　史識「相對律」理念思辨之外，消弭「後現代主義」創作自反理念，即
需要謀求一種解套的基本原則：回歸現代水墨創作的審美理念——不消說，
審美乃是人類藝術創造首要的內在本質，任何創作者與作品始終不可或缺的
根本因素。古今中外藝術之得以超越時代、種族與地域的種種藩籬，相互欣
賞感動而肯定其價值，最大的公約數全憑人類共通的「審美」語言，除此無
它。這個「後現代主義」固然以反美學、反藝術等解構「審美」，不惜以「審
醜」、「審髒」、「審怪」等逆向操作手法，但終究無法顛覆藝術永恆的審美觀
念與價值，既不如「現代主義」，也不如「傳統主義」。因此，審美手法上至
少彼此截長補短，化解矛盾，才能取得彌補與平衡。藝術創造的實質內容無
法以空談思想理論取勝，即使觀念藝術也罷，「後現代」也罷。所以，若能斟
酌審美理念元素，自能消弭「後現代主義」本身顛覆性的缺憾，減少其所帶
來的折損點，兼顧發揮創意並調適風格形式。如此，「後現代」從當代強調「方
法論」的抽象層面，將落實到人間眞實情義的藝術創作層面。

三、立定「中學爲體，西學爲用」之道

　　當代西方學者至今仍然認爲，「後現代主義」它本身是一種永恆哲理與價
值觀，何況，地球村概念下，當代臺灣藝術生態，水墨如何審愼思考與西方
藝術方式之間的磨合與昇華，鎔鑄時代新藝術語言，以及建構應有的場域與
地位，這至關水墨未來前途的方向判斷，是大家無從忽視的課題。百年來的
西方強勢文化牽動之變革運動，不外乎「引西潤中」或「融合中西」方式，
都秉持「中學爲體，西學爲用」的基本立場，其主要目的在於取法借鏡而絕
非自我削弱文化的主體性。學理上，傳統是「後現代」元素之一，當代不可
與傳統水墨歷史切割，其原因在此。

　　水墨藝術發展的文脈，理當順應時代精神而演變，而非全盤西化，此理
甚明。「後現代主義」那些實踐形式乃至風格意義，與眞正當代臺灣水墨精神
的理想定位存在某些層面的落差，正需要一番轉化或內化。處在混沌過渡的

〔註23〕易英主編，〈理解藝術終結〉，《後現代主義藝術批評》，中央美術學院美術雜
　　　　誌研究社，2006 年，頁 225。

演變階段，關鍵即在「後現代主義」藝術創作上，所謂的東西融合往往僅止於外在形式上的借鏡運用，而水墨一貫的人文精神底蘊，或是繪畫美學，都無法單憑外在形式改革而能克盡全功。借古開今，水墨歷史道統中的畫學、美學、文學等核心思想與經典之作，就「後現代主義」穿越時空，破除規範的自反屬性而言，在在足以為「後現代」析疑解難，柳暗花明提供指路之用，兩者道理思辨會通，乃至創作運用之妙，全在論述解讀之功罷了。

學者曾經推敲「後現代主義」與東方人文精神的關係，如中國儒學人文主義，重視生活、人格、心靈、智慧與社會的和諧圓滿；以及禪的本質空無——如「緣起性空」、「諸法無常」等，與後現代「去中心」等觀念有著相通之處，由此可以得到互補與相成的效用。這些獨到見解，的確觸及當代藝術被人質疑的核心問題，「後現代主義」並非是全然消極、負面的主義，端視我們如何去釐清、消融與萃取，提供臺灣當代藝術思想與創作上雙向交流的思索方向。〔註24〕諸如人文精神底蘊的闡揚，結合創作，彰顯其時代撥亂反正的功能，相信將會是東方藝術再起一股潛在的能量。

事實上，當代學者論述「後現代」藝術與東方「禪學」之間，指出西方「後現代」與東方文化思想之間具有某些血脈關聯；而就「後現代」本身自由與可能性的特質而言，猶如中國草書超逸揮灑的風采底蘊一般，雖然和而不同，但彼此無不映照藝術內在語境，開放論述，深入探究其中意涵道理，更能破解「後現代」思想迷障，而還原它當代真貌與時代精神。在思想與藝術交流上，「後現代」與「禪學」兩者之間實頗具當代會通性的前瞻意義，仍值得專家學者進一步作更深入的論述探析。

當代的理性與自由，促使藝術研究與學術方法相互取暖匯流，因此，「藝術學術化」——學術思想與藝術創作的雙向探索，相互析疑，歸納整合，成為解讀當代此一主義的不二法門。這波「後現代主義」所影響的水墨已經逐漸在臺灣「在地化」，尋求它對臺灣社會、文化衝擊之後各種議題產生「對話」意義。這些作為在向西方取經的當代「廣化」路程上，將化為臺灣藝術發展攸關變數。

筆者不斷反復鑽研與思索，益加覺察載舟覆舟的創作道理——借鏡西

〔註24〕劉豐榮，〈現代與後現代藝術觀點對臺灣藝術理論與創作研究之意涵〉，嘉義大學，《視覺藝術論壇》，2009 年 7 月，頁 42～44。劉豐榮，留美藝術教育博士，嘉義大學美術學院院長。

方，由形式到意涵，由創作到思想，殆無定論的「後現代主義」，猶如任何主義思想，全視創作者智慧才情，既要審慎判斷又要善加運用，才能出奇制勝，克盡全功。此時，借鏡之意，不只是外在藝術形相，改造作風，有時更需在高層精神思想的神交與融入，才能於「中西交流」時空下眞正再造水墨創新奧妙之價值。

第八章 結 語

　　雖然，「後現代」的歷史範疇與界定，整個學術界仍未有定論，甚至認為
「現代」作為一個時代，至今仍未結束。而「後現代主義」如神蹟亦如咒語，
不時纏繞當代藝術，朦朧曖昧，不知所終。正如哈桑所指出，後現代主義者
所強調的「歷史的改變」本身就不斷地在變化著，只能說它包含著更多象徵
的意義。〔註1〕雖然如此，概括而言，它仍衍生些許值得關注的當代面向：

　　一、真正地球村時代不是以同質化為目的，西方霸權時代的結束，當代
水墨藝術潮流的走向，必須基於彼此文化對等的天秤，可以與西方藝術同
步，西方藝術不再是四海皆準的領航指標，在中西歷史交會時空過程中，只
不過是「他山之石，可以攻錯」的有效方法或途徑，是手段而非目的。誠
然，審視當代臺灣水墨「後現代」無法脫離「大現代化」生態環境的影響，
各種主義彼此鎔鑄運用彼此相濡以沫，截長補短，並仍是這個時代發展的契
機與寫照。

> 多元開放的時代不僅代表了西方藝術本身的解放，其餘波也觸及了
> 非西方藝術在國際舞臺上之抬頭。如今，非西方藝術可以以非西方
> 的媒材與體裁來從事當代藝術的創作，任何形式、媒材、文化的創
> 作，都不會受到「當代主義」之限制。此完全之自由使得非西方藝
> 術可與西方藝術同步，但終不同行地各奔東西各展所長。〔註2〕

　　地球村時代的文化多元共存共榮——中華文化代表東方藝術系統已經建

〔註1〕 高宣揚，《後現代論》，中國人民大學出版社，2010年2月，頁28。
〔註2〕 曾長生，〈台灣美術院的後現代風格表現〉，《後殖民與後現代》，臺北：財團
　　　　法人台灣美術院文化基金會，2012年5月，頁21。

立重要位元，今日科技資訊發達，文化彼此交流互助，積極面的「後現代」則可以達到「互惠共利」的積極意義。就當代水墨畫方面，更充滿無限可能的發展生機。

> 就某一種意義來說，「後現代」已引導世界思潮進入一個重新「修正」、「反省」與「整合」的時代，有見識思想的人已看清楚了科學、宗教、藝術三者在形成人類的思想和感情時，都各自有所不足，但卻可以達到「互惠共利」的積極意義。因此，被認為可以假借生態學的「生態觀」，來解讀中國水墨畫藝術的文化生態體系。「互惠共利」更是具有現世的積極意義，讓人不再對因為充滿不確定的「後現代」而猶豫不前。〔註3〕

二、歷史上的今日臺灣，一個蕞爾之島能夠蘊藏如此豐厚多元的人文資源，此一優勢，對於任何藝術家而言，實在是個優遊自得的有利創作環境。如此人文資源與環境，遇上詭譎多變的「後現代」，對臺灣當代藝術創作生態自是一番挑戰與洗禮。回頭來看，「後現代」或許是個過程，還不是結果——雖然有論者認為它已經到了山窮水盡的時刻，但概括本文所論述，在臺灣當下其影響力方興未艾，臺灣學院派水墨畫的「後現代」作風順水推舟，不言而喻，自在其中，顯見社會普羅大眾「後現代」思潮蔚然成風，仍有其未來後勢發展變化。概言之，它的整體歷史尚處於演變中，臺灣此時此地還未到真正蓋棺論定的階段。

歷史上，藝術乃民族文化地位之崇高象徵，其最終價值絕無片面追隨西潮之理。從來沒有任何流行主義能夠直接解決藝術創作本身問題，即使「後現代主義」後設的方式亦不例外。但是，從正面有利的理性角度來看待，它本身具有一種屬於藝術思維方法的「自由」與「可能性」的積極能量，至少對於藝術家個人創作、時代精神與環境連結等議題，仍將提供各種揮灑與突破的空間。臺灣水墨發展的現實問題，關鍵取決於水墨藝術家對於當代生態環境種種議題的判斷立場——尤其，如何解決長久以來西方「現代」激盪衍生之下的臺灣社會文化「質變」與「新生」的本質問題。檢視藝術永恆本質上的獨特性、藝術性、民族性，就看藝術家各憑本事，善用時代優勢與方法，將此一新思潮化危機為轉機。

〔註3〕 閻振瀛，〈中國水墨畫的文化生態——另外一種思考模式〉，《現代中國水墨畫學術研討會論文專輯》，臺灣美術館，1994年8月，頁294。

　　三、在學術自覺上，任何西方主義思想均只是屬於藝術外在的「認識論」與「方法論」的範圍，眞正主宰藝術內在的「主體論」才是核心與關鍵。從當代創作角度來看，藝術家必須廣納百川，以有容乃大的胸襟，開拓時代大格局。這正是中國傳統所謂萬變不離其宗的「破立之道」意義。「認識論」、「方法論」外在形式之求新求變，終究需要回歸水墨文化的「本體論」理性批判之下，回歸自我民族文化精神本位，鎔鑄開創。換言之，當代臺灣水墨仍然在「深化」與「廣化」的歷史軌道中演進，「後現代」即可能造就臺灣藝術大現代化之下的未來歷史新頁。

　　綜觀全球化的「後現代」之於臺灣，藝術家接受與否完全是個人之事，但是探討藝術本身學理思想，就需要中西方兩向思辨與比較作爲基本前提，這是那些仗恃感性至上的個人主義藝術家所無法理解的。本文上述所列舉臺灣水墨畫家幾乎都從學院派出身，說明了藝術歸藝術，學術歸學術的年代已經過去，知識份子介入當代思想體系的運作過程中，「後現代主義」非學院派莫屬。

　　對筆者而言，本文論述以「後現代」學理思想與脈絡，解讀當代臺灣水墨之獨特涵義。事非經過不知難，浩繁的「後現代」主義思潮，始終存在無法穿透的各種難題，筆者學術經驗有限，竭盡所能，如履薄冰，只能管窺蠡測，難免訛誤疏漏之處，頂多算是爲自己開一扇眺望的窗，交一份心得報告。此後，僅自期保有學習若渴的心態，持續探索當代藝術問題，蒐集請益，謀求解決之道，激盪自己水墨創作思維，探究本心眞理。

　　末了，歷經本文這一段時間設身處地，反覆思索，心中形塑一個未來的理想──淺見以爲藝術論述與學術研究兩者合治爲一，創作與理論的相互解讀釐清，裨益當代生態問題之改造與提升，乃是一項高等藝術教育的前瞻工程。當然，這牽涉到現實體制政策與繁雜的人力物力，並非筆者個人所能置喙，只能期待藝術同道群策群力，百尺竿頭，更進一步，以成願景。

參考書目

1. 愛德華・薩伊德，《東方主義》，立緒文化事業有限公司，2003 年 2 月。

2. 詹明信著，張旭東編，陳清僑、嚴鋒等譯，《後現代主義：晚期資本主義的文化邏輯》，北京三聯書店，2013 年，三刷。

3. 高宣揚，《後現代論》，中國人民大學出版社，2010 年 2 月。

4. 德里達，《書寫與差異》，張寧譯，三聯書店，2001 年。

5. 楊生平，《解構主義的複雜性解讀》，《哲學動態》，2005 年第 9 期。

6. 沃爾夫岡・韋爾施，《我們的後現代的現代》，洪天富譯，商務印書館，2000 年 12 月。

7. 河清，《現代與後現代》，中國美術學院出版社，1998 年 11 月。

8. 葛鵬仁，《西方現代藝術後現代藝術》，吉林美術出版社，2005 年 1 月。

9. 島子，《後現代主義藝術系譜》，重慶出版社，2007 年 1 月。

10. 邵亦揚，《後現代之後——後前衛視覺藝術》，上海人民美術出版社，2008 年 1 月。

11. 譚平主編，《後現代主義美術——傳統與摩登的混血》，重慶出版社，2010 年 6 月。

12. 易英，《原創的危機》，河北美術出版社，2010 年 7 月。

13. 易英主編，《後現代主義藝術批評》，中央美術學院美術雜誌研究社，2006 年。

14. 馬永健，《後現代主義藝術 20 講》，上海社會科學院出版社，2006 年 1 月。

15. 海倫・威斯格茲，《禪與現代美術》，曾長生、郭書瑄譯，典藏藝術公司，2007 年 6 月。

16. 貝斯特・柯爾納，《後現代轉向》，陳剛等譯，南京大學出版社，2002 年 5 月。

17. 大衛・庫爾伯，《純粹現代性批判》，臧佩洪譯，商務印書館，2004 年 6 月。

18. 維多利亞・亞歷山大著，章浩、沈陽譯，《藝術社會學》，江蘇美術出版社，2009 年 1 月。

19. 艾文・托佛勒，《未來的衝擊》，時報文化，1994 年 6 月。

20. 華登柏格，《藝術哲學經典選讀》，中央美術學院，2004 年 9 月。

21. 林宏璋，《後當代藝術徵候：書寫於在地之上》，臺北：典藏藝術，2005 年。

22. 簡瑛瑛主編，《女性心／靈之旅》，臺北：女書文化，2003 年。

23. 姚一葦，《美的範疇論》，臺灣開明書店，1982 年 2 月。

24. 劉文潭，《現代美學》，臺灣商務印書館，1981 年 9 月。

25. 郭繼生，《藝術史與藝術批評的探討》，歷史博物館，1996 年 9 月。

26. 石守謙，《從風格到畫意——反思中國美術史》，臺北：石頭出版社，2010 年。

27. 曾長生，《西方美學關鍵論述》，臺灣藝術教育館，2007 年 11 月。

28. 曾長生，《另類現代》，臺北市立美術館，2001 年。

29. 黃訓慶譯，《後現代主義》，臺北立緒出版社，1996 年。

30. 羅青譯，《繪畫中的後現代主義》，臺北徐氏出版社，1988 年。

31. 羅青，《什麼是後現代主義》，臺灣學生書局，1997 年。

32. 高千惠，《當代文化藝術澀相》，藝術家出版社，1998 年 2 月。

33. 郭繼生，《當代臺灣繪畫文選 1945～1990》，雄獅圖書股份有限公司，1991 年 9 月。

34. 郭繼生，《記憶認同與欲望：臺灣戰後世代的水墨畫》，1999 年。

35. 蕭瓊瑞，《臺灣美術史研究論集》，伯亞出版事業有限公司，1991 年 2 月。

36. 蕭瓊瑞，《現代水墨畫在戰後臺灣的生長開展與反省》，臺灣美術館，1994 年。

37. 蕭瓊瑞，《戰後臺灣美術史》，藝術家，2013 年 4 月。

38. 黃光男，《臺灣水墨畫創作與環境因素之研究》，歷史博物博物館，1999 年 6 月。

39. 程代勒，《從文化變遷看二十世紀臺灣水墨畫發展進程》，中央美術學院，2011 年 6 月。

40. 倪再沁，《臺灣美術的人文觀察》，雄獅圖書股份有限公司，1995 年 4 月。

41. 葉玉靜主編，《臺灣美術中的臺灣意識——前九○年代臺灣美術論戰選輯》，雄獅美術，1994 年 8 月。

42. 陸蓉之，《後現代的藝術現象》，藝術家出版社，1990 年。

43. 陸蓉之，《當代藝術思路之旅》，藝術家出版社，2001 年 6 月。

44. 高千惠，《水墨觀念與文化修辭的再對辯》，臺北藝術家，2002 年。

45. 姚瑞中，《恨纏綿》，田園城市文化事業出版，2010 年。

46. 廖新田，《藝術的張力：臺灣美術與文化政治學》，典藏雜誌，2010 年 6 月。

47. 謝東山，《臺灣美術批評史》，南天書局，2005 年。

48. 郭繼生編選，《臺灣視覺文化》，藝術家出版社，1995 年 5 月。

49. 顏娟英，《臺灣美術評論全集‧何懷碩》，藝術家出版社，1999 年 5 月。

50. 郭文夫，《江明賢新人文表現主義美學》，典藏藝術家庭，2007 年 12 月。

51. 賴瑛瑛，《臺灣現代美術大系——複合媒體藝術》，臺北：藝術家，2004 年。

52. 俞劍華，《中國畫論類編》，臺北：河洛圖書出版社，1975 年。

53. 林章湖，《自在理想主義——試探水墨藝術的本心吟域》，義之堂文化事業有限公司，1997 年 2 月。

54. 《筆墨論辯——現代中國繪畫國際研討會論文集》，香港：香港藝術發展局，2002 年。

55. 《現代中國水墨畫學術研討會論文專輯》，臺灣省立美術館，1994 年 8 月。

56. 《當代書畫藝術發展回顧與展望‧2006 國際學術研討會論文集》，臺灣藝術大學，2006 年 9 月。

57. 《國際紙藝大展暨學術研討會論文集》，臺灣師範大學，2011 年 5 月。

58. 《2012 匯墨高升：國際水墨大展暨學術研討會論文集》，臺灣師範大學，2012 年 7 月。

59. 《李奇茂藝術風格發展學術研討會論文集》，臺灣藝術大學，2012 年 12 月。

學術期刊

1. 李亦園，〈臺灣光復以來文化發展的經驗與評估〉，邢國強編，《華人地區發展經驗與中國前途》，臺北：國際關係研究中心，1988 年。

2. 黃冬富，〈戰後臺灣中等學校美術師資培育的主軸〉，《臺灣美術》，國立

臺灣美術館，第 83 期，2011 年 1 月。

3. 張光賓，《得意忘形——談中國畫的變》，臺北，《故宮學術季刊》，第 3 期第 1 卷，民國 74 年秋季。

4. 王秀雄，〈後殖民與後現代的台灣美術〉，《後殖民與後現代》，臺北：財團法人台灣美術院文化基金會，2012 年 5 月。

5. 廖咸浩，《遠見雜誌》，第 152 期，1999 年 2 月。

6. 曾長生，從〈我所看到的上一代〉——探謝裡法的批評意識，《典藏雜誌》，3 月號，2006 年。

7. 潘襎，〈當小沙彌遇上大美女——李蕭錕禪畫展〉，《書法教育》，第 183 期，2012 年。

8. 李渝，〈民族主義、集體活動、自由心靈〉，《雄獅美術》，第 224 期。

9. 劉豐榮，〈現代與後現代藝術觀點對臺灣藝術理論與創作研究之意涵〉，嘉義大學，《視覺藝術論壇》，2009 年 7 月。

10. 陸蓉之，〈世紀回眸——臺灣美術百年的變臉〉，臺北，《藝術家》，第 259 期，1999 年 12 月。

11. 維諾格（E. Vinogradova），《時空間之外：中國傳統藝術裡「後現代」之氣質》，臺北：漢學研究中心，1994 年 4 月。

附錄一：筆者水墨作品中的「後現代」作風

　　就筆者水墨作品中的「後現代」作風，大略可以 2010 年退休分前後兩個階段來說明，前者是處在自由心證的藝術創作的「隨性階段」，因為自己個性好奇，喜歡新變使之然，對創新特色或手法雖然不明究理，總是隨興而為，樂於嘗試。後者則是進入「論述階段」，在比較清楚學術研究方法態度之後，能夠自我客觀地檢視與思辨創作的問題。

　　筆者追求藝術的時空思潮，正處於「現代」與「後現代」交疊下，「後現代」概念自然早已聽聞而有所嘗試。後來接觸此一主義理論，經歷一番深入探討，態度逐漸轉為理性思辨，更進而逐漸得以解讀此一主義的種種手法與意義。

一、「隨性階段」

　　最早，在就讀臺灣師大美術系時期（1973～1977），筆者開始涉獵西方藝術思想，已覺察到「後現代主義」特色，對其手法感興趣，即曾經嘗試過水墨的「後現代」創作手法。舉例來說，記得大三墨竹課程，自己嘗試三張毛邊紙畫墨竹，將之重疊裱成一張，藉由紙張半透明效果呈現三層的遠近感，企圖取代一般單張墨竹的濃淡表現空間感的方式（圖五十一）。只是當時這種「後現代」新奇搞怪的方式用在水墨表現上，在學院規範與創作環境上均不被重視，當時只能滿足自我好奇，淺嘗即止而已。但是，「後現代主義」已在心中埋下種子。

圖五十一

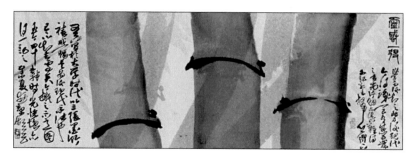

林章湖，後現代墨竹（示意圖）。

　　畢業後，很長一段時間，筆者水墨創作都在追求一種體認時代精神的自我獨特風格——自忖興趣廣泛，創作上試圖揉合了「現代」與「後現代」手法，概括而言，主要追求「筆墨韻味」、「新法新鏡」與「解構造形」的特色。水墨創作之外，兼攻書法、篆刻領域。如此相容並蓄，一方面爲精進自己本身專業創作，另一方面充實在臺北藝大的教學工作。及至 1995 年，臺灣美術館邀請展的書畫作品中，水墨風格特別觸及「解構主義」——解構茶壺造形並使之錯落交迭的空間結構，而衍生了日後〈難得糊塗〉的系列作品。當自我創作突破既有的現代形式或特色時，似乎不經意即涉入「後現代」的範疇。〈胡里胡塗〉（圖五十二）屬於「解構」造形，是筆者正式發表「後現代」特色的系列作品。

圖五十二

林章湖，〈胡里胡塗〉，70x138cm，2012。

1997 年，筆者遠赴千里之外的愛爾蘭藝術設計學院之邀客座，沉思異國人文風情，與東西方藝術本質上的差異性，嘗試了剪貼手法的作品〈天外天〉（圖五十三），以喻遊子域外心境。後來，經歷 2003 年《忘塵》、2006 年《三明治時光》、2008 年《雲遊》三次不同時期個人書畫展的經歷後，逐漸回歸到自性心境的沉澱，年已過半百，千帆過盡，感悟一切法似乎到了該放下的時刻，無所執著，沒有比返璞歸真更能見證藝術的自由與真我。心境一旦放空，讓自己重拾當代的「後現代」創作手法。近幾年，運用案頭所保留的書畫廢紙拼貼作品，創作〈廢紙三千〉、〈水墨密碼〉等巨幅「後現代」拼貼畫，像是戲謔一般，只堪自怡悅。退休之後，體會這種「放下筆墨」不計得失，是一種人生境遇「放空」，亦假亦真，再度自我消融爾爾。〈廢紙三千〉曾展於臺北藝術大學關渡美術館，2007 年。〈水墨密碼〉展於國際紙藝大展，2010 年（圖五十四）。

回首漫長過程中，玩過的「後現代」作品皆屬遊戲之作，多半憑藉個人片面興趣去嘗試或實驗罷了，哪計較工拙。這一類被視為「負面」的顛覆手法的作品極不容易被一般人所接受，現實中，比起自己大批現代水墨作風的整體質量，當然無法相比。然而，筆者任教臺北藝大近三十年，校風可稱臺灣「前衛」之最，接觸當代藝術，舉凡「後現代主義」與「現代主義」始終相互爭鋒所引發的問題，不可勝數，因此對它背後來龍去脈始終存著好奇與疑問，它隱然浮現我日後藝術創作生涯中不可或缺的一塊拼圖。

二、「論述階段」

2010 年退休之後，持續追求自我的

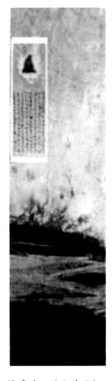

林章湖，〈天外天〉，
134.5×35cm，1998。

圖五十四

林章湖，〈水墨密碼〉，
260×280cm，2011。

藝術理想，抱持「不入虎山，焉得虎子」，決定從自身「現代」創作經驗出發，鎖定探索久懸心中的「後現代」思潮，進而檢視臺灣當代水墨發展問題。具體用意，即為了填補自己對「當代」領域的認知，並且用以自省創作脈絡與論述。

因此，從「後現代」學術認知角度上，探究並釐清其藝術實質的內涵意義，企圖轉化作為自我藝術論述的學術基礎。此一轉變對於個人往後自勵自惕，其開拓性與重要性自在其中，是不言而喻的。如此釋放自我，著意挑戰，無非向白石老人「衰年變法」的精神看齊。後現代的「變法」思辨與砥礪猶如那西藏「轉山」求法一般，個中三昧只堪自愉悅而已。行萬里路，讀萬卷書，自然增長見識罷了。

2012 年，筆者在中央美院博士畢業展五件水墨作品中，繪畫與裱貼的〈魚躍龍門〉（圖五十五）、〈萬重山〉與書畫解構的〈難得糊塗〉等三件具有「後現代主義」意涵特徵，具體展現自我藝術與學術的對話，引起同儕一片討論聲音，正反意見都有。同年稍後，在臺灣美術院第二屆院士展水墨作品中，〈永憶江湖〉（圖五十六）、〈留住傘洲〉（圖五十七）與〈馬尾祭〉三件同樣具有「後現代主義」作風特色，融入自我現實生活中的人文思維。我嘗試裱貼書畫廢紙手法，意謂「無用之用」的道家觀念，看似一反書畫常理的「後現代」解構方式，似非而是，同時辯證了「無法自法」的理念。筆者觀察，通常觀者不明「後現代主義」理念之所以然，僅憑個人經驗來看畫的感

圖五十五

林章湖，〈魚躍龍門〉，70×138cm，2012。

圖五十六　　　　　　　　　　　圖五十七

林章湖，〈永憶江湖〉，123×123cm，2012。　　林章湖，〈留住傘洲〉，123×123cm，2011。

覺，即難以作探討其意義。這反映了當代水墨界一般對於「後現代主義」認識薄弱的現況，以及它自身的處境。

《美麗臺灣——臺灣近現代名家經典作品展（1911～2011）》，展於中國美術館與上海藝術宮，策展人廖仁義（法國巴黎第十大學美學博士，臺北藝大教授）。書中有一段介紹文字，客觀指出筆者水墨作風，包括筆者追求「現代」與「後現代」理念與特色：

> 林章湖反對表象的再現。他不但突破傳統水墨畫的觀念，認爲畫家不可拘泥於傳統技法，也不必受縛於大自然的有形世界，一切都以無形自在的「心」爲最高精神依歸。從生命觀照一切萬物，心靈化境油然而生，筆尖自然流露眞情。因此在主觀的表徵下對世界重新予以「解構」組成新的「形式」，以傳達出個人對於自然的內心透視與意境。

指出無形自在的「心」，與生命觀照，指出筆者水墨創作揣摩禪宗語境的涵意，而自身已經超脫表象技法的拘限，因此，運用「後現代」的主觀「解構」手法，一心馳騁，得以縱浪大化，傳達一己內精神與創作語彙。這是藝評家首次針對我個人「後現代」藝術創作意涵的見解。

三、結語

「求知若渴，虛心若愚」，「學然後知不足，教然後知困」——這是我一

生追求藝術眞理的根本態度。回溯自己創作秉持「眞放精微」的筆墨基調中，摸索一切法化爲己法，兼容並蓄，以期成一家之言。

臺灣任何關注「當代」發展的水墨畫家，相信對「後現代」並不陌生，如何反應時代潮流，只是各人創作立場不同罷了。「後現代」這個當代主義並非專屬於西畫家而已，站在客觀學術立場，撇開個人成見，筆者總認爲，這「後現代」誠然是當代水墨創作的議題，更是有識者突破自我造化的淬鍊，勇於挑戰，才能開拓當代局面，缺少此一認知，終究無法窺探此一大時代的眞貌。

應知當代藝術之日新月異，任何主義之於創作，猶如水載舟覆舟，今日「後現代主義」自不例外。理論上，它可以高呼創意而「解放」任何觀念與侷限，但它本身顛覆性格，同時帶來許多違反法則常理的困擾，因此，審美經驗上，創作者必須具備破解與駕馭它的相對能耐，才能超越它如影隨形的陷阱，否則，即會被「後現代主義」所玩弄而不自知所以。就筆者論述淺見，認爲「後現代」仍須經得起「現代」各種既有標準的檢驗與批判，創作上截長補短，才能脫離自身限制，以形塑自我新藝術語言與內容。截至目前，概括來說，筆者的「後現代」創作即以自我「現代」審美經驗作爲判斷的通則。

他山之石，可以攻錯——西方「後現代主義」彷彿是一條方便創作的捷徑，但並非當代東方水墨的解藥，而筆者一直正視「後現代主義」破與立的辯證關係，並且積極從內容結構上取得相對平衡的詮釋意涵，而非僅停滯於負面的破壞表象而已。換言之，一切法爲我所用，筆者將之納入東方藝術本身的人文思想脈絡論述，以盡力消弭搬弄伎倆的爭議性。一言以蔽之，它本身造反有理，而水墨的文化道統即是檢驗的不二法則。若是經得起這種主體文化的檢驗，「後現代」水墨自然能占有一席當代定位，免除此一主義自身尷尬處境。衡諸今日，二十一世紀伊始之際，東方文化再度引發國際重視，而水墨「筆墨」本身的永恆意涵，正媲美西方藝術，可見水墨文化本質自有其超越時空的意義，也正是凸顯東方身份與尊嚴。

「現代」與「後現代」最終的思想價值非我個人所能置喙。人生藝術取捨進退，永遠如逆水行舟一般，筆者退休之際，自不免「三十年看山」的心境感遇，斟酌餘生的轉捩點。明日欲何之？可謂千山獨往，藉由摸索自由精神的「後現代主義」創作與論述，激盪能量，融鑄時代宏觀胸襟，冀望展現

一己「眞我」藝術意涵與特色。

　　鐘鼎山林，各有天性，此中如人飲水，冷暖自知而已。

　　　四面湖山鏡裡看，樓船深浸碧波寒；

　　　不知身在冰壺影，可笑沉酣夢未殘。

附錄二：臺灣後現代水墨重要文獻資料

壹、第一屆臺北當代水墨雙年展

展覽主題：時尚水墨

活動地點：國父紀念館中山畫廊（Chung Shan National Gallery）（2F）

活動日期：2006 年 10 月 25 日～2006 年 11 月 12 日

主辦單位：國立國父紀念館

　　希冀以當今社會所形塑的物質與精神文化，作為藝術創作的回應物件。籲現下許多水墨界人士提出的「筆墨當隨時代」之籲求出發，以人文主義的關懷為主軸，更探入細緻地呈現水墨如何呼應當下社會的時代性與生活體驗；它涉足的範疇廣及流行文化的時裝、時髦、消費文化、休閒文化、奢侈文化、物質文化、流行生活方式、流行品味、都市文化、次文化、大眾文化以及群眾文化等概念。相對於傳統自然主義式水墨的雅逸出世，「時尚水墨」關懷與表現的物件達超過傳統自然主義水墨的範疇，是一種對社會文化高度敏銳的入世創作，能夠精準地呈顯出水墨創作與當前的資本主義發達、時尚流行消費等社會現況間的交相互動，我們可項期在此理念下創作的作品，勢必將呈現豐富多元的內容與風格，同時展現出創作者的人文情感與關懷，以及再創文化深度和廣度。

　　本展中邀請到劉國松、鄭勝天、袁金塔、石瑞仁、陳義芝、陳瑞惠、黃承吉、盧明德、楊心一博士、Julia Draganovic 共同策展，預計以 6 個單元進行呈現。

展期／2007年7月25日～9月2日

開幕茶會／2007年7月25日　13:30

總策劃／劉國松、袁金塔、曹筱玥　指導單位／教育部

主辦單位／國立臺北藝術大學關渡美術館

展出地點／201‧301‧401‧402‧501展覽室

感謝器材提供／財團法人國家文化藝術基金會科技藝術獎助專案

參展藝術家：

【水墨館】劉國松、袁金塔策劃／仇德樹、何唯娜、李貞受、李振明、孟昌明、林振福、林龍成、金秀吉、金泳煥、金嬉瑛、洪根深、倪再沁、袁金塔、高行健、梁棟材、梁藍波、陳成球、陳君立、程代勒、馮鐘睿、楊曉春、趙緒成、劉子建、劉金芝、劉偉基、劉國松、劉國興

【文學館】陳義芝策劃文學創作／成英姝、許悔之、陳義芝、蔡素芬

　　　　　美術協同／吳恭瑞、李錫岳、曹筱玥、郭炎煌

【水墨錄影館】楊心一策劃／吳達坤、姚瑞中

【紙藝創作館】Julia Draganovic策劃／林章湖、黃淑卿、廖修平、鄭政煌、Anila Rubiku

【時尚設計館】曹筱玥策劃／盧明德

【展覽說明】

　　即便今日處於全球化與流行文化當道的生活環境中，臺灣仍有許多人對於水墨藝術的印象，停留在《芥子園畫譜》的階段。這樣的現象往往造成水墨藝術與現代生活的格格不入。然而即便如此臺灣仍有許多水墨藝術家，試著以水墨這項獨特的東方藝術，詮釋日新月異的文化氛圍，企圖讓水墨藝術更貼近當代生活。

　　有鑑於此，第一屆臺北當代水墨雙年展設定以「時尚水墨」為主題。由一群橫跨各領域的藝術家們，以「流行文化」為主軸，透過繪畫、文學、設計、錄影、紙類複合媒材等等形式，探討流行文化的意涵，展現藝術家對於人文的關懷。具體而言，以水墨藝術、或結合其它類別的當代藝術，共同呈現人們對於「流行文化」的感動、反省與批判，正是本展覽所努力追求的目標。

　　而為求展現水墨結合文學、設計、錄影等等藝術的充沛創作能量，本展

覽邀請數位藝術家與多處藝文單位，分別策劃以下各主題館的展示內容。例如：「水墨館」由劉國松與袁金塔共同策展，展出臺灣、中國大陸、香港、韓國、新加坡、美國、加拿大等地的水墨藝術家作品 68 件；「文學館」由陳義芝邀請陳義芝、許悔之、成英姝、蔡素芬等 4 位臺灣文學家，共同創作 8 件作品；「水墨錄影館」由楊心一策劃展出作品 2 件；「紙藝術創作」則由 Chelsea 美術館館長 Julia Draganovic 策劃展出 4 件作品等等。

這是一個橫跨多種藝術領域的展覽，由各個領域的創作者共同展現當代水墨藝術的多元風貌。相對於傳統自然主義式水墨的雅逸出世，第一屆臺北當代水墨雙年展的關懷與表現物件，遠遠超過傳統水墨的範疇，是一種對於社會文化高度敏銳的入世創作。我們期待透過此次展覽，「流行文化」能再生為一件件藝術品，獲得另一層次的象徵意義，而臺灣當代水墨也能因為與當前時尚消費社會產生互動後，更形激發創作者的人文情感與關懷，吐露不同面貌的臺灣文化深度與廣度。

注：袁金塔總策劃／彙編畫冊《時尚水墨在臺北》

貳、形・意・質・韻——東亞當代水墨創作邀請展

Form. Idea. Essence. Rhythm——Contemporary East Asian Ink Painting
2008 年 10 月 04 日～12 月 28 日　臺北市立美術館
策展人：王家驥
藝術家：

臺灣：袁旃、李茂成、于彭、許雨仁、黃致陽、李安成、楊世芝、林鉅、
　　　袁漱、潘信華、華建強

中國大陸：詰蒼、徐冰、梁銓、嚴善錞、李華生、盧輔聖、陳光武

日本：松井冬子、三瀨夏之介、町田久美

韓國：金眞義、文鳳宣、樸晒春、柳根澤

水墨繪畫是東亞地區獨特的一種藝術形式，不但源遠流長，而且具有深厚的傳統與歷史。就在西方現代的風潮席捲東方之前，水墨繪畫始終占據東亞藝術史的主流位置。曾幾何時，自二十世紀初以來，隨著東方受西方文化與藝術的影響深遠，水墨繪畫在現代以至當代藝術發展的過程當中，卻明顯退居次要，甚至有逐漸式微的趨勢。

正因為水墨繪畫長期以來屬於高雅的藝術傳統，反映了以品味為主的審

美文化，使用水墨繪畫在回應現實生活的議題上，較為不食人間煙火。這也使得歷史上的水墨繪畫形成過度自給自足的現象，並且造就了一種封閉式的視覺語言系統。就以水墨繪畫在中國的發展為例，誠如美國的藝術史學者高居翰（James Cahill）之所見，至少到了晚明（1570～1644）時期，已經成為文化菁英之間的一種藝術「遊戲」。文化菁英透過水墨繪畫的創作相互應酬唱和，進而與傳統或歷史對話。

時至今日，深植於傳統中的水墨繪畫，是否可能反芻自身的處境，走出傳統的圈囿，積極的與現實對話，結合當代的生活與文化，甚至回應全球化的議題，走出屬於自身的當代面貌？

本展以「形・意・質・韻」作為主題，試圖回歸水墨——含媒材在內——自身的問題，探討水墨藝術走出傳統，開創當代新局的可能性，更有意透過臺灣、中國大陸、日本與韓國四個東亞水墨藝術重鎮的藝術家表現，提供一些可以借鏡的創新面向。

「形・意・質・韻」同時也是傳統水墨繪畫幾個重要的感性審美面向，更時而出現在傳統的畫論之中。當代的水墨藝術家如何從傳統的審美貫性之中，走出較具時代性的格局，藉以型塑屬於藝術家自創的新形、新意、新質與新韻？這也是此一策展有意探討的課題。

相對於水墨繪畫長期以來的家派壟斷或割據問題，當代藝術則早已徹底個人主義化，甚至進入某種「後歷史狀態」（post-historical condition）。此一結構也影響了水墨藝術的創作。當代水墨藝術的「後歷史狀態」不但十分明顯，同時也意謂著水墨藝術以個人主義為主的時代已成事實。換言之，這是一個百家爭鳴的時代，更是水墨藝術家強烈要求民主化、解放與創新的時代。

受邀參與此次展出的 25 位藝術家，不但對於傳統繪畫的議題各有觀照，同時，也提出了他們極富當代意識的個人風貌。有些藝術家從觀念入手，譬如中國大陸的徐冰（1955～）與臺灣的楊世芝（1949～），他們在拆解傳統山水繪畫語法的同時，更嘗試提出新的閱讀與創作的取徑。有些藝術家則選擇回歸或重新探索筆墨的核心本質，他們跨越傳統繪畫的形式與格體，有意走出個人的感性韻律，譬如中國大陸的楊詰蒼（1956～）、嚴善錞（1957～）、陳光武（1967～）、臺灣的許雨仁（1951～）和李茂成（1954～）。

似乎有更多的藝術家對於傳統繪畫的形式與美學仍然情有所鍾，因而採

取折衷主義的轉化作風，他們致力於匯入個人獨特的文化見解、視覺美感，以及心靈視界，既走出了當代的一家之言，卻又與傳統維持了若即若離的關連——譬如中國大陸的盧輔聖（1949～）、日本的松井冬子（1974～）、韓國的文鳳宣（1961～）和樸晒春（1966～）、臺灣的袁旃（1941～）、于彭（1955～）、李安成（1959～）、袁漱（1963～）和潘信華（1966～）。

也有一部份的藝術家，譬如中國大陸的李華生（1944～）和梁銓（1948～），結合了禪學的虛實辯證，並從西方抽象藝術的脈絡之中吸取靈感，例如低限主義，從而走向了較為抽象的審美，藉以尋找解放水墨表現的新可能。另外一些藝術家則游走於再現與表現之間，甚至結合一部份的表現主義語言，意圖為水墨注入更多的曖昧性、思辨性、問題意識，或甚至社會議題，譬如韓國的柳根澤（1965～）、臺灣的黃致陽（1965～）和林鉅（1959～）。

較為年輕一代的藝術家，譬如日本的町田久美（1970～）和三瀨夏之介（1973～）、韓國的金眞義（1975～）以及臺灣的華建強（1975～），則是在傳統技法的基礎上，勇於表述自己對於當代生活或甚至未來世界的觀照及想像，充分表露了他們作為未來主流的個人主義意識。

就策展的意識而論，《形‧意‧質‧韻——東亞當代水墨創作邀請展》有意扮演拋磚引玉的角色，試圖為原本已經遁入次要，甚至面臨嚴重式微危機的水墨藝術創作，喚起可能的活化契機，提供新的表現可能，藉以成為當代藝術重要的創作動力之一。

附錄三：臺灣三座美術館之現代與後現代水墨個展資料

壹、臺北市立美術館：現代與後現代水墨個展資料一覽表

展覽資料來源：

1. 《臺北市立美術館閱覽 1983～2008》（臺北市立美術館，2008 年 12 月）
2. 臺北市立美術館網站：歷史展覽

	展覽名稱	展覽時間	風格特色
1	當代名家個展——趙春翔	1985/05/16～1985/06/16	解構
2	陳朝寶的中國畫展	1985/11/01～1985/11/20	卡漫風、情色
3	洪根深現代水墨畫展	1986/08/02～1986/08/31	拼貼、解構
4	林章湖畫展	1988/10/08～1988/10/30	跨域、拼貼
5	顧炳星現代畫展	1988/10/29～1988/11/27	立體派
6	袁金塔畫展	1988/12/03～1989/01/04	嘲諷、拼貼、情色
7	劉國松畫展	1990/03/24～1990/06/10	拼貼
8	楚戈的深情世界——楚戈六十回顧展	1991/10/05～1991/11/03	解構
9	袁旃作品展	1993/02/13～1993/03/14	女性主義
10	姜新畫展：書藝與水墨互動後的新關係	1993/12/18～1994/01/30	跨界
11	李振明水墨個展	1994/09/17～1994/10/13	解構、挪用

12	蕭勤的歷程	1995/04/15～1995/06/04	前衛
13	陳久泉水墨個展	1995/07/15～1995/08/13	
14	高蓮貞現代彩墨展	1997/06/14～1997/07/13	拼貼
15	「莊腳囡仔」畫鄉情——王源東水墨個展	1997/06/14～1997/07/13	極限主義
16	繩畫‧神話——葉宗和現代水墨個展	1997/07/19～1997/08/17	極限主義
17	袁旃 1995～1997	1997/10/04～1997/11/09	女性主義
18	馮明秋個展	1999/04/24～1999/06/06	解構
19	消逝的風景——潘信華現代彩墨展	1999/06/12～1999/07/25	解構、變異
20	林巨個展：無忌宮三斷境——行為藝術暨繪畫作品展	2002/04/06～2002/05/19	解構、跨界
21	新仙花形：華建強個展	2007/05/05～2007/07/01	卡漫風、重彩

貳、臺灣美術館：現代與後現代水墨個展資料一覽表

展覽資料來源：

1.臺灣立美術館網站：展覽回顧

	展覽名稱	展覽時間
1	袁金塔個展	1989/04/10～1989/05/06
2	陳久泉國畫展	1990/09/10～1990/10/06
3	蕭勤回顧展	1992/04/18～1992/05/31
4	劉國松六十回顧展	1992/09/26～1992/11/08
5	羅青書畫三十年展	1993/11/20～1993/12/26
6	趙春翔遺作展	1994/06/04～1994/07/24
7	陳久泉水墨畫展	1994/11/01～1994/11/27
8	飛相掃心——林章湖書畫展	1995/09/02～1995/10/15
9	袁金塔畫展	1995/09/30～1995/10/29
10	徐永進的感官世界	1996/07/09～1996/08/04
11	李振明現代水墨畫展	1997/02/23～1997/03/27
12	董學武水墨畫展	1997/08/07～1997/09/07

13	楚戈觀想結構畫展	1997/09/13～1997/10/26
14	繩畫・神話——葉宗和現代水墨畫個展	1997/11/20～1997/12/26
15	盧福壽水墨畫展	1997/11/26～1997/12/26
16	常民文化再現——王源東水墨畫個展	2005/08/20～2005/09/18
17	玉山行　回首向來——李義弘書畫展	2007/08/25～2007/10/07
18	對話——董陽孜書法作品展	2009/02/21～2009/04/26
19	「穿梭水墨時空——黃光男繪畫歷程展」	2009/05/16～2009/07/19
20	懷抱心宇——羅芳繪畫藝術創作展	2010/01/23～2010/03/07
21	「一個東西南北人——劉國松 80 回顧展」	2012/03/17～2012/06/17

參、高雄市立美術館：現代與後現代水墨個展資料一覽表

展覽資料來源：

1.《高美館 2005～2007》（高雄市立美術館出版）

2.高雄市立美術館網站：歷史展覽

	展覽名稱	展覽時間
1	心凝形釋——邱忠均個展	1998/08/14～1998/09/06
2	入與出——蘇信雄個展	2004/04/21～2004/05/23
3	斯土有情——劉敏娟個展	2006/06/29～2006/08/06
4	神秘痕跡——彌力村男個展	2007/04/26～2007/05/27
5	我愛臺灣・更愛南臺灣——李明則	2009/06/06～2009/09/06
6	墨韻無邊——董陽孜書法・文創作品展	2009/07/11～2009/11/22
7	彩墨行旅——馬白水作品捐贈展	2009/12/19～2010/03/12
8	藝在風騷——蕭巨升現代水墨畫個展	2010/10/14～2010/11/14
9	臺灣書院啓用特展——董陽孜書法展	2011/10/17～2012/01/31
10	戲古幻今——袁旃創作 25 年歷程展	2012/03/24～2012/06/24
11	殺墨：洪根深創作研究展	2012/06/09～2012/09/16

附錄四：盤桓史林、游刃心法——
林章湖書畫創作中的現代文化理想

國立台灣師範大學美術系　教授
日本京都大學　藝術史博士
白適銘

　　自明末董其昌提出「南北分宗」理論之後，中國畫開始走入「藝術史式」的發展模式，傳統水墨重視歷史淵源及展現知識份子史觀價值的趨勢，已逐漸定型。此種重視古學的趨勢，雖使得明清繪畫逐步走向趨古一途，然而，對此時的畫家來說，古史研究只是手段，不是目的。清初沈宗騫在《芥舟學畫編》中曾提及：

> 學畫者必須臨摹舊蹟，猶學文之必揣摩傳作，能於精神意象之間，
> 如我意之所欲出，方爲學之有獲，……故雖仿古，不可有古而無我，
> 正以有我之性情也。

　　其說法充分展現明清文人尊古卻不佞古的獨立精神，透過「我意」、「我之性情」的融匯出入古今，並藉此擺脫歷史的束縛。

　　「歷史」與「自我」看似矛盾，然在此種「藝術史式」繪畫逐步發展成型的過程中，其彼此間已產生密切的連動關係。所謂「我意」、「我之性情」因人而異，後學者難以按圖索驥，故能保存原創者的自主精神。清人鄭績亦說：「自外而入者，見聞之學，非己有也；自內而出者，心性之學，乃實得也」（〈夢幻居畫學簡明〉），此種更走向棄見聞而重心性、強調藝術家個人人格特質的藝術形式，反映一種在「有法」（「古法」）到「無法」（「我法」）轉變過

程所確立的近代文化特質。

　　文人畫理論或以董氏爲首的明清正統派，曾遭民初陳獨秀批評爲「改良中國畫的最大障礙」（〈美術革命——答呂澂〉）。其成爲新文化運動激進派撻伐「必要之惡」的理由不難理解，然一如潘天壽的意見：「東方繪畫之基礎在哲理，……若徒羨中西折衷以爲新奇，……均足以損害雙方之特點與藝術之本意」（《域外繪畫流入中土考略》），近代中國畫的改革方案，甚至連最溫和的折衷派都有其根本性的謬誤。明清正統派的歷史功過、中國畫的近代化策略爲何仍難以蓋棺論定的原因，主要來自於中國畫「前途未定論」——朝向多元價值觀建立——的結果所致，也因如避免了「文化法西斯主義」的崛起。事實上，明清文人畫追求「自我」的特質，並未如改革派所謂的保守、落伍，反過來卻該說因爲此種與歷史特殊關係的維持，才不致於引發文化體系崩解的危機。

　　臺灣戰後國畫發展，雖曾經歷正統國畫論爭、中華文化復興保守勢力抬頭及現代水墨興起等事件，然不論其是非，仍然反映民初以來現代化的種種摸索途徑。文人畫的仿古傳統即便淡出歷史舞台，融匯古今的思想仍被完好繼承，此中，林章湖教授的現代彩墨實踐，即極具代表性。早在九〇年代的創作論述中，他即曾提出：

> 身爲現代的藝術家，可以在自己創作空間自由馳騁，但無論多麼自由，終究無法脫離歷史時空的運轉軌跡。（《自在理想主義——試探水墨藝術的本心畛域》）

此種想法反映對融匯古今手法的認同，並認爲：「文化藝術的價值地位，是建立在歷史定位之上，換言之，缺乏史識的文化藝術，會是極端個人主義」，提出其創作論述中最重要的核心——「史識」意識。「史識」，亦即宏觀的歷史認識，涵蓋明末以來文人畫「藝術史式」的思想策略，據此，中國畫得以迴避強勢外來衝擊所造成的文化崩解危機（「他律性」），因應時代需求回歸歷史脈絡，並保持藝術家個人的「創作自主」。更言之，中國畫現代化應透過「史識」的重建，形塑一種兼容內外、古今、他我等各種「相對律」，並進而完成具「自律性」可能的文化方式，而非極端個人主義式的「自溺自賞」。

　　他認爲史識是維繫文化命脈最根本的條件，提倡以「深化」史識取代「廣化」（參酌西法）表相的作法，解決民國國畫改革「中體西用派」所造成「格格不入」、「越俎代庖」的窘境。水墨深化的目的，在於「使古典與創新、形

式與內容有機地結合」、迴避上述二派「自限於本位主義的意識形態之爭」，以完成反映兼融時代精神與個人主體意識的現代文化心智建設。在後者方面，他另提出「心法實相」的理念進行闡述：

　　藝，其爲心造也。諸法非相，相之非者，不泥於相，實相也。

　　亦即，藝術的目的並非再現萬物表相，而在於「心造」，「心法」與「實相」彼此不可或缺。此種具有史識的「心法說」，來自於明清文人畫理論中「尊古卻不佞古」的「自創我法」的精神傳統，他並將自己的書畫實踐，歸納爲「自在理想主義」。在水墨創作上，林章湖透過「筆墨情境」、「新法新境」與「解構造形」等不同系列，持續探索水墨畫現代化的各種可能，藉此建構宏觀的現代藝術理想；在以參酌「畫意入書」精神的書法創作上，他亦一貫秉持「入法出法」的自由態度，反映文人藝術對人格情性的重視。

　　有關中國畫未來的問題，不論明清文人的理論、民國時期的改革諸說，或是戰後台灣的論爭賡續，都可說是其現代化歷史的一部分。林教授上述「自在理想主義」的提出，目的在於有效規避不必要的意識形態分化，回歸歷史理性主義，以致力於尋找自律性發展的可能。一如〈馬尾祭〉款識中的自述「壯志何用愁，四海任躕躇，六塵嚙不盡，諸法落筆空」所見，我們可以說，他貫徹數十年的「心法」理論──「我用一切法，化爲己法，乃至無法無我」（本次畫展自序），已然開創出涵攝歷史、時代、個人多元內涵的文化建設理想，同時，亦深刻體現了中國文化哲思中最精微廣博與不羈脫俗的人文主義精神。

　　（本文出處：《問道無心》林章湖書畫展，臺中市大墩文化中心編印，2014年10月，頁5、6）

附錄五：現代文化藝術的史識意義

林章湖

說明：本文原刊載於筆者《自在理想主義——試探水墨藝術的本心畛域》（義之堂文化出版事業有限公司，初版 86 年 2 月，二版 96 年 3 月，頁 1～13），乃是筆者以藝術創作升等教授的理念論述之首章，可算是筆者對現（當）代社會文化藝術的觀察報告，理出我個人藝術追求的基本觀念架構，至今經歷十八年而大致未變。回首審視，它連結了筆者研究「現代」與「後現代」的論述脈絡，因此該文已為探討「後現代」留下伏筆。現在正式出版，為慎重起見，再潤飾文句，以使內容語意更為清晰。（104 年 5 月，筆者並識於掃心齋。）

一、深化與廣化「相對律」

近百年來，中國歷史發展是最激烈蛻變的一個時期。政治因素主宰了歷史文化的命運，造成兩岸同種同文，但已各自逐漸形成不同體質與面貌。至於臺灣，七〇年代中期起步的民主風氣，社會披靡，文化藝術活動頓時蓬勃熱絡起來，可說是達到空前盛況。但是，卻以沾染不少功利短視，與價值物化的氣息，總也不禁令人感到紛亂失序，真偽難辨。

各領域的專家學者，對如此轉振期的諸多現實，褒貶批評，憂喜參半。無論如何，當前的文化藝術真正的意義價值，實不易加以評斷功過，因為文化藝術其內涵本質最敏感脆弱，其形式內容是最自由擅變。尤其在這個時代，其背後與政治、經濟、社會、教育等牽涉互動更為密切，隨時，有牽一髮而動全身的狀況，莫不需要審慎客觀的態度去面對。

　　身爲現代的藝術家，可以在自己創作空間自由馳騁，但無論如何，終究無法脫離歷史時空的運轉軌跡，最後都匯入歷史洪流，終使平庸歸於平庸，偉大歸於偉大，歷史周而復始永不終止。至今兩岸現實演變已然貌同質異，對比成形。臺灣當前即使藝術非常多元開放，而藝術創作爭奇鬥艷漫無止境等問題，本身悠久的文化歷史演變至今日境地，有什麼歷史明訓或智慧可供穿透當前的紛亂現象，釐清個中似是而非的道理？

　　這些問題正擺在眼前，考驗著現代每一位文化藝術工作者。就我個人研讀藝術歷史的心得，不揣淺陋，理出一個可資穿透角度——史識。我提出「史識」，顧名思義，可以了解到，它是客觀的知識，宏觀的眼界，而且包含了可供藝術創作自主思辨的史觀意義等。

　　史識，簡言之，即是對歷史的認識，認識其中永恆的道理，而從中獲得精神是往傳統固有價值中，持續發展，舉凡學習前人思想哲理、經典著作等；廣化，是融合傳統以外的方式，廣泛吸收，舉凡外來主義思想方式，乃至跨領域創作等。任何構成文化藝術的最大公約數，往往深化與廣化兩種方式消長互見，相輔並成，看似相對，其實互補。因此，我稱之爲相對律。概括來說，從固有價值系統上比較，深化趨向內在精神，廣化趨向外在表象，反映出風格意義的取向或程度罷了。

　　評估文化藝術的意義與價值，無不建立在歷史定位之上，換言之，缺乏史識的文化藝術，可能因爲封閉的個人主義，或是素人作風罷了。當藝術家理解史識，則是可以參酌史學本位來評定文化藝術，進而經由前人文化藝術經驗與智慧之中，歸納出來「萬變不離其宗」的思辨理路。總之，史識並非只作爲文化藝術的「他律性」，而是使藝術家開啓具有時代意義的「自律性」。

　　中國歷史上，漢唐時期佛教中國化，是文化藝術由廣化而深化，最顯著的史例。東漢時代，由印度傳入中土的佛教，宗教思想方式對中國固有文化體系而言，都是全新的外來宗教文化，此即是廣化作用開始。後來逐漸與中土人文精神融合，至唐代佛教已經漢化了，各個階層中甚爲普及，形成中國文化的價值體系中不可分的脈絡之一。這種初期由外在廣化作用，經過文化精神完全中國化的深化作用，即形成漢傳佛教的歷史事實。

　　近代中國水墨畫變革，就風格形式而言，則是由原來悠久的水墨深化局面轉而廣化以求新變。中國歷來水墨傳統觀念價值一向穩定清晰，但因應近

代世局變動，思想革新的趨勢，自然而然地原有價值系統，不再定於一尊而紛紛謀求新路，特別反映現代化作品技巧特色方面。幾乎，無法在風格形式上求得一定創新程度者，就不可能反映時代精神了。

深化或廣化，是從文化藝術過程歸納出來的抽象概念，當然不等於史實答案。史實包含了歷史真相與客觀條件等因素，這是史學家研究的課題；藝術家注意的是史識，個人經驗感受或價值啟示，只要能引發感動力量，即可能成為創作的動機或靈感。從傳統本身角度而言，深化是正常手段，而廣化是非常手段，正常手段容易被一般人接受，所以穩定無礙；非常手段，則是非常時期使用，目的是為了克服變數——因人因時因地而異。自來藝術文化之所以新變，終究出於人類思想反應時代思潮所致，因主張不同而採取應對之道，而深化或廣化方式之運作程度，本身並無涉是非對錯的問題。總之，史識實質的意義，就在如何穿透藝術史實背後蘊含的創造精義，提供藝術家探索因應之道，能夠鑑古而開今。

二、文化主體意識：本土化與國際化

自從臺灣解嚴，自由多元化之後，誠如識者指出，無不憂喜參半，因為大家面臨了空前變動的文化使命——臺灣主體意識的問題。幾乎，檯面上文化藝術遭遇的所有窘境，都環繞著這個議題。

兩岸雖然分隔四十餘年，以中國母體文化體系，其臍帶相連的血源關係來看，文化藝術有著血濃於水的民族共同情感，至今仍是現實局勢難以一夕之間切割的。正因為背後因素諱莫如深，使文化藝術主張各持己見，檯面上纏鬥不休，有如捉對廝殺交戰不已，也是史上未見。從史識角度來看，也意謂深化與廣化兩股力量暗地針鋒相對，臺灣文化藝術的戰國時代到來，似乎非得經歷慘痛蛻變，不足以期待主體意識的到來。

探討臺灣主體意識，是個嚴肅議題。七〇年代至今，早已存在兩個高唱入雲的方向——本土化與國際化。無論政府或民間最常被提到的文化意識話題，各有各的擁護人馬與作為。這兩個方向，必然指向主體意識作為最終訴求，其價值判斷，孰輕孰重，容或不同，但短短十年間，顯然意識已經抬頭，對於論述這個嚴肅課題，可說一發不可遏止了。從現實來看，我們無法因為中國文化在臺灣開放發展而沾沾自喜，也不能對當前文化藝術創造成果即自鳴得意，因為自由開放的社會中仍不乏師承保守，或造勢壟斷的疑慮。

　　何謂本土化？儘管本土意義與界定紛雜，且理念上與實務上無法全然一致。但就臺灣現況來說，是指狹義的鄉土運動與思想為主，多半是發自民間意識的覺醒，而從人文生活層面著手。一方面，緬懷農業社會歷史與文物情懷；另一方面，記取前人創發精神，藉以撫慰當下快速生活步調，喚起改善生活與提昇人文品質。本土化運動對下一代，可謂頗具傳承文化道統的意義。值此改革開放之際，本土化或許是反思教育政策之失常，無異是民間找回人本尊嚴的一種運動方式。其不再受制於官方指派或遵循制式，而這股創造力活潑自在，自動自發，正是彌補與建構現代新人文生活的信心與價值之所賴。

　　本土化活動由本身文化歷史的熟悉角度出發，內容自然富有親和力。本土化的精神，是重視人的自尊與活力，本土化的作法，是老少咸宜，親切溫馨。這種自求自足，不假外力的民間活動色彩，蘊含著一股潛在的深化意義，是鄉里方圓之內，生活精神安定的基本文化力量，以喚醒人間溫情價值，重築社會和諧關係，實值得重視推展。推動本土文化而普及社會風氣，光靠政府措施，有時緩不濟急，來自民間力量即扮演重要的角色。如今政府具體落實「社區整體營造」、「文藝季」可稱得上是本土化的施政重點之一，時有提倡民俗技藝或展覽活動等，以帶動整體社會風氣。但平心而論，無論政府或民間仍須注意，一但活動流於表面形式交差，恐怕本土化就會淪為口號或是樣版。同樣，地方自發的文化經營，格局理念應務求遠大，切勿敝帚自珍，劃地自限，否則日久積弊，將會失去借鏡砥礪，導致萎縮。這有賴觀念與作法上多方位的觀摩交流，即是須要挹注某些廣化的意義，以期本土化的深化意義能夠獲得平衡的長遠發展。

　　相對於本土化，國際化就傾向於廣化的文化意義。地球村觀念流行的當今，最顯著的例子，如政府單位舉辦國際間畫展活動，無不強調它展覽本身掀起的廣大意義。基本上，國際化的廣化效益在擴大藝術視野，截長補短，增進交流融會，提昇文化藝術水準與國際地位。民主開放時代，國際間文化交流實屬常態之需，但各國文化背景之根本差異性，彼此交流本非一廂情願之能事。因此，現實國際化活動往往受到質疑，主要因為是花費龐大，講求排場體面，且影響成效一時難以立竿見影。概言之，身為斗民，只能期待國際大展交流所引發的廣化意義與作法，其社教功能逐漸影響文化本身。

　　藝術家創作上可以自持主觀見地，但面對整體社會文化發展的宏觀立

場，則不得不從史識道理中體認。目前社會文化活動，喚起藝術家關注參與，本是個正面積極的現象。但若是藝術家個性學養參差，使活動性質變得複雜，而導致目標模糊，甚至扭曲，亦時有所聞。不諱言，草根性特重的人將本土化視為臺灣主體意識的唯一操控捷徑；也有狹隘民族主義的人譏諷國際交流是喪失國格，降顏求榮，前者顯得剛愎自用，後者則缺乏前瞻遠景，這些看法失之主觀偏頗，都不盡然，對當前蓬勃多元的客觀社會環境並無助益，徒增困擾而已。

再者，如果這些社會文化活動，不能發揮其背後載負的社教功能，反倒被有心人據為巧取豪奪的資源與工具，那對於文化建設，無異是一大折傷！有人以為，認為本土藝術才能進軍世界，攻占一席之地，這未免過於片面樂觀。同樣地，國外專家對臺灣西畫彷彿是國外現況的翻版，感到驚訝失望，這種現象要如何省思與評估？說穿了，完全是自己文化立場判斷的問題。這就說明了一個史識的基本道理：文化問題不是「絕對的」深化或廣化二分法所能自圓其說，而缺乏文化立場判斷，更難樹立本身的價值定位。因此，史識雖是解讀文明進程的一種方式，但對於上述偏差，或許，還具有它判斷上的良知良能效用，防微杜漸，及時充當最後的防線。

三、觀察現代藝壇風向

為何先談本土化與國際化的熱門話題？因為它突顯了整個當前社會文化的體質特色，一方面是文化工作者經營對策所憑藉的主軸，同時也意味著一般藝術家思想內涵的表徵，某些角度即成為現代整體藝術的風向球。推動時勢改造的力量，大者來自於時代潮流思想，小者發自民間自省智慧，這股風起雲湧的群體運動與文化建設工作，對於嗅覺敏銳的藝術創作者，身受感染，或投身其中，以當前情況來看，時代創造英雄，或英雄創造時代，此時正處於關鍵時刻了。

這個風向球說明了什麼？臺灣近四十年的藝術型態，在懷念祖國意識逐漸消退之際，傳統保守符號作風也跟著式微，已被社會新興人文思潮，如鄉土運動等時代趨勢所取代，但現實風向上，受到西方藝術影響仍是舉目可見。整體而言，廣化盛行之下的西方「速食文化」，觸角伸向四面八方，到了無孔不入的地步。尤其，臺灣西畫的風格型態，差不多是放洋留學所移植自外國品種的總合，在這個寶島上，西洋挑戰藝術固有的價值系統，磨合尷尬，價

值混淆。有時，傳統與落伍竟被人劃上等號，任意扭曲踐踏。背後，眞正對立原因即是否定深化的文化意義。

表面看來，西畫家直率切入的模式，赤裸裸地呈現臺灣禁忌，灰暗晦澀的社會現實面，轉爲檯面上的強勢作風，先聲奪人。相對地，傳統文化出身的水墨畫家，創意求新，固不乏人，但昧於時代潮流，故步自封，五十百步間自溺自賞者仍居多數。到底是文化立場不同，抑或畫種標準不一所致？西畫，言人所不敢言，創新是目的還是手段？水墨，守成有餘，開創不足，還能維護文化道統？這些切要的問題，都需要每位創作者體認判斷，冷暖自知。臺灣社會解嚴之後，迫使藝術家面臨了前所未有開放交錯混雜而多重取向的抉擇與考驗，比起以往時代，似乎其艱鉅嚴酷的程度，實有過之。

正如歷史所示，近百年來中國文化藝術發展，無不以「中學爲體，西學爲用」主要路線，開拓整個世紀嶄新的里程。由此角度觀察，臺灣受到西方藝術思潮影響自是極爲自然，形成追求水墨現代化的大目標，其道理也是如此。由於主張不同之故，分爲截然不同的兩大陣營，一是打倒傳統，完全求新求變，多以西方藝術思想理論作爲護翼；另一是傳承根基，適度折衷改良方法。在民主風氣裡，藝術創作立場不同，思維與作風自然有所差異，司空見慣，見怪不怪。只是溯自民初，水墨革新主張所帶動的風潮，順此波瀾，如今臺灣發展有益演益烈的趨勢。

學院派之外，民間藝術陣營有明文立案的，主要是以畫會組織號召爲主，雖然有其目標作法，團體活動聲勢浩大，但是始終並無法像科班學院一般，全程栽培藝術創作人才。臺灣畫會即使是組織完整的團體，其力量歷來難以主導社會藝術風潮方向，原因乃是個人參與畫會，通常是爲某些特定意義而聯誼，獲得實質創作資源有限之故。何況，一個藝術家若是對自己創作深具主見與信心，通常經由個展或參賽即能爭取功名機會，大不必依附某些團體才有成就可言。畢竟，藝術家創作本身或視爲職業才是正途，若是以投身團體組織活動的作法，終究不符眞正藝術生命終極的目標。

自古文人雅集結社，多出於依仁遊藝，時而有之，但所造成藝術風氣與成就特色，仍繫於文人自身學問修養的基本資質。我們都熟悉：中國文人畫風的歷史，絕非只是蘇東坡登高一呼，即其一人的功勞而已，是後歷代文人響應，才匯成水墨畫壇上的主要流風。群體結社的社交功能，提供文人彼此藝術動向與相互觀學的機會，而無法將它溢美爲成就個人造詣的主因。

時至今日，不時高唱水墨改造的運動，其歷程自有艱難複雜之處，固不待多言。其強調為改造藝術氣息或宣揚理想，時而訴諸媒體，走入民眾，集思廣益的作為，發揮藝術周邊效應，對全民藝術認知也產生社教推廣作用。但是，訴求目標過大，縱使強勢炒作，聲勢熱烈，沒有經過時日的客觀檢驗是難以達成。試想：每位藝術家一生追求，無不堅忍奮鬥，焚膏煎熬，何況是針對改造運動的眾人之事。我個人總是認為它立意可取，但不可壟斷造勢，只可廣為提倡，直至社會普羅大眾所能接受。儘管團體或個人可以無限高唱創新主張，但是如果對史識的道理毫無概念，失之觀念偏差，本身將消耗創作能量而渾然不知？因此，淺見以為，其複雜難解仍須訴諸歷史不變的道理，加以正本清源其問題癥結，才能獲得客觀持平的認識。

近年來，如文建會所推動「社區營造運動」，社會改造運動本身表面是一種廣化作用，凡是振衰起弊之舉，它通常與社會既成型態對抗，其成敗關鍵因素，一來是改造立場與資源分配的合理性，一來是解決時下現況與因應沉重的社會壓力這兩方面力量相互較量的結果。即使政府推動的文化建設方案遭受這些現實問題，但是其所能完成階段性任務，可謂已經發揮廣化力量，其所無法全盤完成而尚待後觀的，只好期待常民文化力量的深化作用，與日俱增其改造效益。真正提升社會一般文化藝術的成本向來龐大無比，難以估算，而現實阻力與抗拒作用固所難免，無不需要在深化與廣化力量雙管齊下交互為用，才能顯現其功。

四、當前水墨深化與廣化

臺灣當前有太多關於廣化的問題，文化藝術衍生空前未決現象，幾乎到了見怪不怪的地步。但這並不表示另一股深化力量，欲振乏力，或不足為道。從史識觀之，深化是維繫本身文化命脈的主要規律，也是一個文化體系，所不可或缺的根本方式。可是，深化，往往沿襲舊有方式持續進行，難免讓人擔憂，如何才能免於保守落伍地步？這個問題，換個角度來看，就是傳統在現代環境中，如何扮演其時代角色的問題。

水墨深化方式是否仍具有意義？這個問題從時代角度來看，不斷遭受質疑。若是水墨畫家認識水墨歷史，即足以了解深化涵義，也才能進一步評估自我創作中如何面對深化的問題。論述現代水墨若是一味師承門風，依樣畫葫蘆，缺乏自我見地，那這種師承的傳統工夫，顯然並不具備深化的實質意

義。這只須稍稍翻閱水墨畫史，即不難得到啓發。凡畫史上深具成就的名家，其作風無不具有個人鮮明的時代氣息，絕不類泛泛流俗。俗諺說：師父領進門，修行在個人。傳統真正深化意義，仍是功夫與精神特色的再轉化、再提升，絕不是作一些表相皮毛墨守成規之舉。

　　李可染曾說：「用最大功力打進傳統，再用最大勇氣走出傳統」。前句指的是手段方法，後句則是真正意義所在。他明白傳統本身之精深，不是取巧可得，窮畢生之力，要能走出自我作風，才是最終目的。在傳統深化基礎上，李氏一生致力寫生、習碑等工夫，鍛鍊蘊藉，可見多元的深化工夫，能使之入古出新，絕不只敬畏膜拜傳統而已。反觀臺灣，至今水墨畫界存在不少這方面的問題——如自稱傳承金石畫派的保守師承者，筆墨漸如麴酒滲水，益趨平澹乏味，如嚼蔗渣，重蹈文人畫流弊而不自知。再者，舊王孫遠宗李唐沈周清秀畫路，頗合市井口味，故門人依傍，自稱一派，不問時代。若深化工夫不深，不求精進改造，謀創新意，長此以往，亦不足爲訓。

　　現代水墨藝術創作，其廣化情況又是如何？水墨廣化方式，往往與傳統本色形成對比，融入西畫，使人覺得格格不入，甚至被譏爲「西餐中吃」或「中餐西吃」。譬如，將西畫油彩不假思索，直接移植在水墨宣紙之上，即使媒材形式改變，但藝術涵意卻相當混淆。任何方法理念僅在借力使力，而不是使之篡奪原來畫種的文化涵意，否則即會失去分寸，出現越俎代庖的偏失。其實，所謂的廣化方式手法，能否妥善結合其藝術創作內涵，應是主要原因。藝術內涵是代表文化品味價值，任何廣化效用若使畫種本身文化內涵受到抹煞或摒棄，則也同時喪失廣化對於原有內涵相互襯托與提升的加分意義。

　　近代水墨畫改革者林風眠，其藝術風格可代表中國藝術廣化典型的代表。其改革方向，主要是鬆綁水墨傳統中刻板手法，主張自由描寫；同時，也進行探討古代藝術資源，汲取內涵。不論任何題材，其作風都呈現水墨藝術的特色，使古典與創新，形式與內容有機地結合。當我們深入其藝術內涵時，益加覺察到，其自由廣化的手法背後，文化上內在精神的深化，正可相提並論。當今，水墨現代化的大問題引人關注，但致力於現代化的廣化表相者求其速成仍是多數，能夠平心靜氣，同時從傳統中省悟深化內涵，這種作法似乎被社會快速腳步日益忽視。

　　民主開放，各種外來藝術思潮大行其道，造成廣化現象，可謂時勢所趨。

無疑，這股潮流將水墨藝術面貌帶入嶄新的天地裡，眼界大開，作風自由；帶給文化藝術上除舊佈新許多借鏡與方法，面貌日新月異。當前國內水墨發展，強調水墨西化者多半昧於抽象形式，以為高超創新；強調傳承師風者，則枯煎師門符號，以為依傍自封。雙方已自陷於本位主義的意識形態之中，造成發展上盲點與鴻溝而不自知，加上民主自由的氛圍益加尖銳，難有審慎自省的餘地。

我們需要自覺文化主體價值，創造時代藝術是不可蠻橫取代，應使之順理成章，勿作削足適履之事。若為進軍國際，片面宣言口號，以為先聲奪人，未免操之過急。廣化若能兼融文化主體作為根底，才能期待真正實質的發展。上述林風眠藝術創作例子，或可針對當前廣化與深化兩者恣肆偏頗的行徑借鏡檢討。古往今來，畫家一廂情願，片面主張創作均不足觀，即使民主自由本質亦非可以為所欲為。廣化與深化兩方面相對而又相輔的認識是不可少的，應該從史識中去釐清與建構方法。

五、打造自我美學修為的工程

文化，是整個群體共同概括而來的人文精神與模式。藝術，則是個人對時代文化所反映的思維與象徵，是極其主觀方式的。有些藝術是以文化本身規矩角度呈現；有些藝術則正好相反，持反對立場，去彰顯自我作風。儘管如此，文化是藝術創作的土壤，藝術則是這塊文化土壤中，所培育的花朵。是以，絕無缺乏文化素養之藝術；而文化活力則由藝術不斷創造，引領向前。

本土化運動，適時給予現代社會人們，重新審視先民文化面貌，即使一草一木，一磚一瓦，都能隨時哺育這代子民的身心營養，提供藝術創作的母體乳汁。另一方面，值此世界民主潮流，深植本土與迎向國際是相對持平的重要。凡體認自我歷史文化的藝術工作者，對於任何廣化現象，均應抱持高度胸襟，包容並蓄，樂觀並成。即使一時紛亂並陳的表象背後，終究，本質內涵仍會是它最後的回歸。綜此而言，淺見以為，若棄此文化藝術上雙邊再造的機會，我們將會成為東西方拉鋸之下，反成為自己文化的輸家。

臺灣文化主體意識是什麼？顯然，這個問題是解嚴後的民主階段才浮現檯面的產物。或許，臺灣正處於新舊文化交疊，這些爭議不休的問題，若是現在要釐清界定，尚言之過早。整體來看，不管是藝術創作活動，或是文化

再造的社會活動，只能說一種新文化或意識的初期覺醒，時機尚未到茁壯豐收的年代。不過，以臺灣歷史文化堅忍強韌，經營打拼的包容力與創造力，相信頗值得期待。

衡諸深化與廣化相對律，如兩極消長互見，相依相生，循環不已。適足以提示現代文化藝術的複雜性，使吾人面對糾葛混沌的現象，還原其多元價值的真義。當我們要跨越當前這些障礙，跳脫個人一己管見，史識將給予我們客觀無私的見地與胸襟。相對律，不光是權衡外在周遭文化藝術時的天秤；更是反求諸己藝術創作斟酌的信念涵意。深化使創作內涵精神更為深刻豐蘊，品味雋永；廣化使風格特色更為別出心裁，鮮明超脫，兩者相輔以成。若經由這般認知態度，思辨判斷，釐清自己創作取向，方法效益上也得以自我評量。所以，個人淺見以為，史識能夠使藝術家穿透時代問題，適可從容自處於民主社會，而掌握時代實質的精神意義，進而以個人藝術風格作為見證。

值此知識爆炸的年代，當前文化藝術諸多問題多不勝舉，對話與論點極其繁雜，實在超過我個人專業能力領域，只能就藝術創作領域之經驗立場略加論述，野人獻曝而已。筆者自知個人才學所限，無法自成一家之言，不過，身為一個藝術創作兼教育工作者，本文格外具有意義——文化藝術之體認，所獲得的結論與啟示，並不只為了個人創作問題，同時也為了時代文化的薪傳使命，並希望而後能夠開啟更多藝術方面可供遠眺的窗口。綜合言之，可視為是對時代文化藝術的思辨與釐清，一件自我打造美學修為的工程。

附錄六：「論述」的學術方式與意義

林章湖

說明：本文筆者擔任臺灣師大美術研究所碩博班合開〈水墨風格探索之研究〉課程講義。

一、「論述」的形成與涵義

形成：

雖然，文字語言與藝術形式大不同，但是語文傳達方式卻是人類有史以來最普遍有效的。藝術本身的視覺感性的創造價值，依賴有形文字的明確陳述，才能傳達它本身真實意義。否則，藝術將只能處於自由心證的模糊狀態。因此，文字如何經過思慮斟酌，善加表述，即是任何「論述」的起碼條件。

其實，「論述」本身早已存在人類歷史文化之中。就學術研究要求而言，「論述」與「論文」實質上並無差別。從學理背景來看，中國歷史誠然不乏創作「論述」的經典之作，如北宋郭熙《林泉高致》、元代黃公望《寫山水訣》、明代董其昌《畫禪室隨筆》、清初石濤《畫語錄》等，均是畫家現身說法的著作，震古鑠今，對後世影響深遠。只是今日時空轉變，外來思潮洶湧，就看今人如何解讀運用，所謂古為今用，學問道理心同此理，正考驗今人的智慧判斷罷了。

「論述」一詞發明由外而入，其佼佼者如：存在主義學者海德格（Martin Heidegger，1889～1976）在《存在與時間》說明，語言是生存之道，語言是存在之家。一種存在變成論述的語言，就具有生存的力量，具有自身運作邏輯與自律。法國後現代主義思想家傅柯（Michel Foucault，1926～1984）研究

語言「論述」，認爲它是其相關歷史的象徵與化身，並且它與社會關係與力量聯繫在一起，揭示當代社會文化道德。

今日自由主義抬頭，各種主義思潮蓬勃發展，尤其邁入「後現代」藝術時期，學術思想研究尺度大爲鬆綁，而同時藝術家創作主體意識，自主高漲，獨特作風形成公開評價的焦點，而「論述」的學術功能則運用一切當代資源將研究創作推向顯學的天秤，也逐漸與往昔以史料考證爲主的評介方式區隔開來。

於是，「論述」即跨越各個學門方法、領域等界線，吸收並開拓有利本身的新觀點，以詮釋創作內容與價值。衡諸當代德國、日本新倡導的「藝術學」，即是一門綜合藝術品、藝術家與藝術史的跨領域的研究學門。其實際意義已超越了過去傳統美學、美術史等門戶之見，說明了「論述」作爲當代學術研究方式，是與時俱進的既成事實。或許，今日處在不確定的後現代時空，更需要「論述」使之確定的方式與力量。

涵義：

儘管某方面，「論述」本身它透露了後現代主義的息氣。顯然在臺灣，是經由多方學院派人力的積極參與所促成，當代的熱絡發展，使藝術創作研究逐漸導向「學術化」的趨勢，在此，大概從社會與個人兩方面加以說明。

（一）反映社會文化面向

臺灣社會自解嚴之後，民主開放，言論自由，風氣披靡，各藝術大學從不缺乏當代相關藝術理論課程，呼應了此一時代流行風潮的徵候。當「論述」成爲各個學門領域「學術化」方法之際，自然成爲人類反應社會現實中各種議題的思考判斷，甚至介入時下社會運動的發言權方式。處於種種荒謬、戲謔等後現代社會混沌情境之故，藝術家以創作之名，更可堂而皇之，無所不用其極地探討所關注的主題，藉以反應個人時代觀與思想內涵等等，命題自主，皆可作如是觀。

當前，藝術界流行「策展」的模式中，「論述」被視爲一種發言權的策略——操控鮮明而響亮的口號，企圖主導行銷路線，發表於文宣媒體、廣告雜誌與專輯等媒介，以連結市場群眾，達成策展最終目的。據此，當代藝術創作的評價往往是「論述」之下的產物，亦不爲過。現今活躍的藝術拍賣、畫廊行銷，乃至於正夯的文創產業等經營的背後，比比皆是，而「論述」的作

用仍是其中策略成敗的關鍵。可見「論述」功能已然大行其道，除學術範疇之外，也成為藝術市場運作所慣用的現實方式之一。

因此，當代的藝術生態實際上呈現了「論述」與「創作」利害共生的關係。這個現象非但不是「藝術已死」，而是宣告人類藝術本質空前解放的「自由化」時代來臨。

（二）鍛鍊個人學理思辨

當代開放時空下，「論述」順勢推舟，借助不同門類的學術理論，彼此穿透引證，闡發創見，更及時從時代思潮與精神特色作檢視。「論述」話語權在當代主義思潮，取向多元的生態中彷彿扮演「他者」身影，本在藝術（品）之外，卻是穿透流行論調，躊躇風尚，並且登高睥睨，游刃過往的歷史痕跡。

回顧水墨理路，傳統至今創作理念還剩多少轉化契機？交疊混淆的現代與後現代之間如何拓展自我生機，何去何從？這個問題是每位創作者必然的判斷，如何化解背後疑慮？「筆墨當隨時代」，此一「論述」本身方法理論的現實功能，或許正是一帖如何對症下藥的時代偏方，得者為藥，失者為毒。一言以蔽之，有識者當知之，不得不審慎以對。

「論述」乃對於藝術「議題」思辨與詮釋的可能性，以彰顯其追求的當下意義、目的與價值。而學院派的創作研究，雖然創作與理論份量並重，但核心價值則在創作思想上的學理思辨與釐清，所以，注意「論述」的準備時機，切莫等到創作滿意後才動手，須以「論述」工作為優先重點，而把一切創作實踐視為載體，冷靜以對。

二、學術方式的「論述」

就學術體制要求而言，藝術創作「論述」與一般學科正規學術「論文」並無實質差別。古往今來，學術理論必須建立在客觀合理基礎之上，此「文以載道」的基本訴求也。藝術「論述」的議題範圍，除藝術創作（美術、科技、書藝、建築、圖像等）理論外，還包括藝術教育、藝術行銷、藝術社會、藝術經濟等，所涉及的藝術領域是相當開放的。

先認清觀念：學術研究的目的在於探討問題的真相或真理。揆諸史實，創作與理論向來只是藝術的一體兩面，透過「論述」更能自我判斷與充實。因此，針對創作問題如何採用方法、思辨檢視、剖析論證，乃至最後總結看

法等一套整體的運作，仍須借力使力，參酌學術「論文」既有規範標準作為依據。無疑地，對原是美術「創作者」的研究生而言，這需要經過一段自我認知學習的鍛鍊過程，才能逐步地轉化而兼具「研究者」的角色。

（一）研究生在學期間，如何兼顧創作與研究並行無礙？先從妥善管理時間做起，主動自我要求才是成功的前提。「論述」須落實哪些方面？依據自我創作經驗出發，如何將之轉換成文本方式與內容，以順利達成畢業「論述」，乃是自我改造的一大考驗。

凡是研究生必須認知寫作方法，即學術論文「基本格式」之外，「論述」內容是以研究生自己創作「主體論」為主，即掌握創作理念與風格體認，剖析個人與時代的種種關係。文本重點包括：(1)學習背景與傳承系譜，(2)創作風格之特色與意義，(3)觀念解析與學理依據，(4)個人創作脈絡的檢視與展望（總結）等方面。

概括而言，研究生達到「論述」水準的基本要件：(1)開題立意，文筆清晰；(2)章節完備，邏輯分明；(3)畫風創新，析論獨到等。這也等於達到學術論文審定的基準了。

（二）初期，先做好準備工作──瞭解自我，從創作理出重點，或想解決的問題。找出題目或方向，即開始加強閱讀相關理論文章，收集參考書目等。隨時請益師長同儕，參加研討會等，注意對問題作「正」「反」兩面觀點思考判斷、引述驗證，平時嘗試解釋問題，動筆寫作，日積月累，以儲備個人論述的基本能力。

「論述」題目針對「創作」所涉問題而發，舉凡個人內在性向特質，作品內容形式，外在社會環境事件等與之有關者，無不可以過濾。注意切入創作「風格」核心理論，充實「論述」內容重點。一旦發現心得，即可以嘗試寫作：援引學理為證，練習客觀說明。任何從網路當中複製的參考資料，務須判斷取捨，否則恐怕會造成治絲益棼的困擾。

（三）寫作方法上，如關於當代人物畫「論述」的學理依據，一般除了引用謝赫六法或是以十八描法等傳統說法作為佐證之外，也可以就主題涵義，考慮參酌與之有關的當代醫學、解剖學、人類學、社會學、心理學與美學等新觀點，跨域借用、客觀剖析，或許更能深入個人創新獨特的內在思維，以彰顯自己作風的時代亮點。在此只是舉例說明，因為各個題目的破解之道不一，仍須思考判斷，不宜勉強套用。

再如，「論述」自我創作風格時，需要以客觀審慎的方法與態度充分探求其中道理，比較分析，應避免流於個人主觀的陳述，或片面無據的說法。具備流利口條與寫作經驗是有利條件，但是徒逞口舌之能，一廂情願，對於探求道理還是無補於事。現今報章媒體上，某些為了特定利益的文章，缺乏邏輯思考，故弄玄虛，乃是喬裝的「偽論述」，則不具學術意義的。

（四）從平時「口語」到論述「文字」的訓練，創作者不但可以深化個人創作的抽象理論思維，落實為實際可讀可解的文字表達，並且使作品精彩成功之處引發共鳴與說服力。這過程一方面自我剖析內在思維，體察時代風氣變化，能闡述自我藝術與時代關係之意義，另一方面也同時證明自我創作定位，進而促使對外在現實社會、藝術生態知所取捨拿捏，自信自立。

研究所「論述」寫作的主要目的，以「形上理論」詮釋「形下創作」而闡發其藝術生命獨特意涵，即在釐清創作面貌與立論架構之餘，進而裨益於個人適性方位的未來發展。

三、藝學雙修的願景

衡諸古今中外，真相至理放諸四海而皆準。當代藝術潛在諸神無不激昂雄辯，「論述」以小觀大，使之淬鍊昇華，正迎向嶄新璀璨之途。

二十一世紀全球化自由思潮之下，臺灣因應藝術發展的高端趨勢，自然促使藝術創作理論的研發當由藝術家自決，呼聲高漲。當前臺灣各大學學院派創作研究所，實施「論述」的學術方式，正反應了時勢造英雄，其目的即在培養「藝學雙修」，兼備創作與研究的學者型藝術家，而非只培養專業創作的藝術家而已。

綜合上述，「藝學雙修」者乃具足了時代觀念、創作思辨、研究方法、以及學術寫作等條件，如此藝術與學術兼具的人才，其發揮能量更能符合今日社會全方位發展的需求，所負社會責任也相對提高，尤其，藉此提昇了高等院校藝術師資水準，並且進而參與整體文化藝術政策與社會改造等重大任務。

臺灣興起這股「論述」風氣，欣欣向榮，約莫才二十年光景，學院派藝術與學術仍須持續科際整合交流，期望建立創作理論系統與平台，則是百年樹人，功德無量。

四、筆者列舉當代臺灣水墨議題之相對「論述」

「時代論」──傳統 vs 現代（後現代）

「筆墨論」──本位 vs 兼容 vs 革新

「本體論」──中體西用 vs 西體中用

「進步論」──本土化 vs 國際化

「美學論」──本體精神 vs 美學濫用

「專業論」──學者型 vs 職業型

參考書目：神林橫道，潘播譯，《藝術學手冊》，藝術家出版社。

　　　　　傅柯，〈對於語言論述形成和擴散過程的社會分析〉。見高宣揚，
　　　　　《後現代論》。